Decídase a CAMBIAR

SHARON A. STEELE

CARIBE

Un Sello de Editorial Caribe

© 2001 Editorial Caribe
una división de Thomas Nelson, Inc.
Nashville, TN —Miami, FL (EE.UU.)

E-Mail: editorial@editorialcaribe.com
www.caribebetania.com

Título en inglés: *Choosing to Change*
© 1998 Sharon A. Steele
Publicado por Regal Books,
una división de Gospel Light Publications, Ventura, California 93003, EE.UU.

Tipografía de la edición castellana: *A&W Publishing Electronic Services*

Traductor: *Miguel A. Mesías*

ISBN: 0-89922-589-6

Impreso en EE.UU.
Printed in U.S.A.

CONTENIDO

Prólogo

Cuando el apóstol Pablo abrió su corazón en sus cartas a las iglesias jóvenes de Asia, estaba respondiendo a su llamado apostólico para pastorear esos tiernos rebaños. Ellos necesitaban estímulo en sus nuevas vidas en Cristo. Necesitaban doctrina sólida. Necesitaban verdad de alguien que tuviera una relación íntima con Dios y con ellos.

¿Sabía Pablo, al escribir estas sencillas cartas, que formarían la mayor parte del Nuevo Testamento? ¡De lo que sí podemos estar seguros es que el Espíritu Santo lo sabía! Qué apropiado que Dios usara la relación que Pablo tenía con esas iglesias para cimentar su plan y propósito en las vidas de ellos y —muchas generaciones más tarde— en las nuestras.

En Aglow, podemos relacionarnos con el deseo de Pablo de unir a esas iglesias en la fe. Después de 1967, cuando los grupos Aglow empezaron a florecer en todos los Estados Unidos y otros países, cada uno de ellos necesitaba algún estímulo. Necesitaban conocer la plenitud de lo que eran en Cristo. Necesitaban relación. Como Pablo, nuestro deseo de alcanzar y educar desde la distancia provocó que nacieran series de estudios bíblicos que han alimentado a miles desde 1973 cuando se publicó nuestro primer estudio, *Génesis*. Nuestros estudios hablan de corazón a corazón, ofreciendo a los cristianos nuevas nociones sobre sí mismos y de su relación con y en Dios.

La generosa naturaleza de Dios nos ha provisto recientemente con una nueva relación con Gospel Lights Publications. Juntos estamos publicando nuestros clásicos Aglow, así como una selección de estudios nuevos. Gospel Light comenzó como un ministerio de publicación, en forma parecida a la que Aglow empezó a publicar estudios bíblicos. Henrietta Miers —una de sus fundadoras visionarias— formó Gospel Light en respuesta a las peticiones de iglesias en todos los Estados Unidos, por el material de Escuela Dominical que ella había escrito para la Primera Iglesia Presbiteriana en Hollywood, California. Gospel Light se mantiene como testigo de su visión ministerial con el propósito de llevar el evangelio a todo el mundo.

El deseo de nuestro corazón es que estos estudios sigan encendiendo las mentes de mujeres y hombres, tocando sus corazones y refrescando sus espíritus con la luz y la vida que suple abundantemente el amante Salvador.

Este estudio —*Decídase a cambiar* por Sharon Steele— le enseñará cómo permitir al Espíritu Santo que renueve su mente al desarollar las actitudes de Cristo en su pensamiento y de esta manera transformar su vida.

Jane Hansen
Presidenta Internacional de Aglow International

ℐNTRODUCCIÓN

Una mujer está sentada frente a usted en la mesa. «Quiero ver el carácter de Cristo reproducido en mi vida», le confía. «Pero no sé cómo hacerlo».

Sus ojos se llenan de lágrimas. «Todos los días se repite la misma historia: "Señor, he fallado de nuevo". Vez tras vez, día tras día. ¿Puede Dios realmente cambiar mis pensamientos y transformar mi vida? Y si puede, ¿cuál es mi responsabilidad? En realidad quisiera saberlo».

Si usted puede identificarse con esta mujer, este estudio bíblico es para usted. A pesar de que usted recibe una nueva naturaleza cuando se convierte en hijo de Dios, el cambio no es automático. Usando la comparación entre la mente humana y una computadora, usted descubrirá verdades claves que le enseñarán cómo permitir que Dios le cambie a su semejanza. Así como las personas han aprendido a usar computadoras como herramientas para realizar ciertas tareas rápida y eficientemente, así nosotros podemos aprender a controlar nuestros pensamientos al permitir que Dios renueve nuestra mente. A través del poder del Espíritu Santo podemos alcanzar la capacidad para vivir vidas consagradas.

Cuando no permitimos que Dios transforme nuestros patrones de pensamiento, experimentamos confusión y frustración. Un pensamiento defectuoso produce resultados indeseables en todos los aspectos. Así como las computadoras con programas defectuosos deben ser reprogramados antes de que puedan funcionar efectivamente, así nosotros debemos permitir que Dios reprograme nuestros pensamientos y los ponga bajo su control.

Este estudio le enseñará cómo permitir al Espíritu Santo que renueve su mente al desarollar las actitudes de Cristo en su pensamiento y de esta manera transformar su vida.

UNA APRECIACIÓN GENERAL DEL ESTUDIO

Este estudio bíblico se divide en cuatro secciones:

- UNA MIRADA DE CERCA AL PROBLEMA define el problema y el propósito del estudio.
- UNA MIRADA DE CERCA A LA VERDAD DE DIOS les lleva a la Palabra de Dios. ¿Qué tiene que decir Dios sobre el problema? ¿Cómo puede usted aplicar la Palabra de Dios mientras trabaja en cada lección?
- UNA MIRADA DE CERCA A MI PROPIO CORAZÓN le ayudará a clarificar y a aplicar la lección más adelante. También le guiará a medida que se esfuerza en el cambio.
- PASOS DE ACCIÓN QUE PUEDO DAR HOY, está diseñado para ayudarle a concentrarse en los pasos inmediatos de acción.

USTED NECESITARÁ

- Una biblia
- Un cuaderno de notas. Algunas preguntas pueden necesitar más espacio que el que está dado en este libro de estudio. Usted también quisiera anotar sentimientos o pensamientos adicionales que vienen a usted mientras realiza el estudio.
- Tiempo para meditar en lo que está aprendiendo. También se le animará a que se encuentre un «compañero de memorización» para que trabaje con usted para memorizar pasajes bíblicos. El dar tiempo al Espíritu Santo para que personalice Su palabra en su corazón ayudará a que le permita a Él renovar su entendimiento y transformar su vida.

CÓMO COMENZAR Y DIRIGIR UN GRUPO PEQUEÑO

Una clave para empezar y dirigir un grupo pequeño es preguntarse:

¿Qué haría Jesús y cómo lo haría? Jesús empezó su ministerio terrenal con un grupo pequeño de discípulos. La realidad de su presencia hacía de cualquier lugar donde estaba un lugar seguro. Piense en un grupo pequeño como un lugar seguro. Es un lugar que refleja el corazón de Dios, las manos de Dios. La manera en la que Cristo vivió y trabajó con sus discípulos es un modelo básico de grupo pequeño del que podemos obtener tanto dirección como nutrición.

Pablo nos exhorta: «Andad en amor, como también Cristo nos amó, y se entregó a sí mismo por nosotros» (Efesios 5.2). Nosotros, como reflejos terrenales suyos, tenemos el privilegio de seguir sus pisadas, de ayudar a sanar a los quebrantados de corazón como lo hizo Él o sencillamente escuchar con corazón compasivo. Sea que usted use este libro como estudio bíblico, o como punto de enfoque para un grupo de apoyo, un grupo de la iglesia o en un hogar, andar en amor quiere decir «sobrellevar los unos las cargas de los otros» (Gálatas 6.2). La atmósfera cariñosa que provee un grupo pequeño puede nutrirnos, sustentarnos y elevarnos como ninguna otra cosa lo puede hacer.

Jesús anduvo en amor y habló con corazón sincero. En su inagotable pozo de compasión nunca equivocó la verdad. Más bien, la rodeó con misericordia. Los que salían de su presencia se sentían bien respecto de sí mismos porque Cristo usó la verdad para señalarles la dirección correcta para sus vidas. Cuando habló respecto a la pecadora que le lavó los pies con sus lágrimas y los secó con sus cabellos, no negó su pecado. Dijo: «Sus muchos pecados le son perdonados, porque amó mucho» (Lucas 7.47). Eso es franqueza sin condenación.

Cristo fue un modelo de líder siervo. «El que quiera hacerse grande entre vosotros será vuestro servidor, y el que de vosotros quiera ser el primero, será siervo de todos» (Marcos 10.43,44). Una de las destrezas clave que posee un líder de grupo es poder animar a los miembros del grupo a crecer espiritualmente. Para mantener el contacto personal con cada miembro del grupo, especialmente si alguno falta, dígale que él o ella es importante para el grupo. Otras habilidades que un líder eficiente de un grupo desarrolla son:

Saber escuchar bien, dirigir el diálogo, y guiar al grupo a tratar con cualquier conflicto que surja.

Aunque usted sea un veterano o nuevo en el liderazgo de un grupo pequeño, virtualmente todo grupo que usted dirija será diferente en personalidad y dinámica. La constante es la presencia de Jesucristo, y cuando Él es el centro del grupo, todo lo demás viene junto.

USTED ESTÁ INVITADO

A crecer...
A desarrollar y alcanzar la madurez; a surgir; a nacer de una fuente;

con un grupo
Un conjunto de personas reunidas o ubicadas juntas; un número de individuos considerados juntos por sus similitudes;

Para explorar...
Para investigar sistemáticamente; examinar; buscar en o recorrer por, con el propósito de descubrir;

nuevos tópicos
Nuevos temas de discusión o conversación.

___

REUNIÓN EN

Fecha _____ Hora _____

LOCALIZADO EN

Lugar _____

Contacto _____

Teléfono _____

Nota: Siéntase en libertad de completar esta página y fotocopiarla como invitación o para colocarse en el tablero de anuncios de su iglesia. © 1998 por Gospel Light. Se concede permiso para fotocopiar. *Decídase a cambiar.*

Uno

El problema y el potencial: la necesidad de mentes renovadas

Las computadoras con programas defectuosos producen mensajes distorsionados, sin significado. De igual manera, los creyentes con mentes no espirituales producen mensajes confusos.

Cuando tratamos de producir un carácter divino partiendo de una mente no renovada nos encontramos atrapados por nuestras acciones de impiedad. Y eso no es todo. Quienes nos observan también quedan confundidos.

El permitir al Espíritu de Dios que reprograme nuestra manera de pensar significa que enviaremos mensajes claros de su amor y poder para cambiar vidas. Las mentes renovadas producen un carácter divino. El estudio de esta semana nos ayudará a examinar el modelo ideal de Dios en relación al pensamiento y las actitudes al estilo de Cristo.

Una mirada cuidadosa al problema

La mente que no ha sido renovada por el amor y el poder de Jesucristo es como una computadora sin enchufar. No importa el potencial que tenga una computadora, sin una fuente de energía, es incapaz de funcionar. De la misma manera, las personas que no han aceptado a Jesús jamás alcanzarán el plan de Dios para sus vidas.

1. ¿Qué enseñan los siguientes versículos respecto a la mente natural?

    Génesis 6.5

    Colosenses 1.21

EL CORAZÓN DEL PROBLEMA

En la Biblia, la palabra «corazón» se refiere usualmente a lo más íntimo de una persona, al asiento de las emociones, del conocimiento y de la sabiduría. Con frecuencia se usa como sinónimo de mente.

2. Lea Efesios 4.17-19. Haga una lista de las frases que describen la mente y el corazón de los incrédulos.

    ¿Cuáles son los resultados de su manera de pensar?

¿Cuáles son los resultados de un corazón endurecido?

Cuando aceptamos a Cristo como Salvador, mucho de nuestro pensamiento es hecho nuevo. El Espíritu Santo de Dios nos da nuevas perspectivas. Ahora tenemos un Programador por Excelencia que hace cambios dramáticos en nuestro pensamiento.

Desafortunadamente, no todo nuestro pensamiento es hecho nuevo de una sola vez. Los científicos dicen que nuestras mentes recogen información desde antes de nacer. Los recuerdos y patrones de pensamiento que almacenamos en los bancos de nuestra memoria siguen siendo básicamente los mismos y tienen tremendo poder.

Además, nuestra naturaleza pecaminosa —que en un tiempo controlaba nuestra mente— todavía influye nuestros pensamientos y deseos. Los pensamientos y recuerdos perversos nos acosan, y con frecuencia provocan grandes luchas con la tentación.

Dios quiere ayudarnos a superar estos viejos patrones de pensamiento. El objetivo de esta lección es ayudarnos a comprender que su Espíritu está disponible para reprogramar nuestro pensamiento defectuoso con actitudes divinas. Esto resultará en paz y en gozo. El no permitir a su Espíritu la libertad para cambiar nuestro pensamiento tendrá como consecuencia la frustración y el conflicto.

Una mirada cuidadosa a la verdad de Dios

3.   Lea Mateo 5.27-30. ¿Qué enseñó Jesús sobre el pecado y el pensamiento de la vida?

¿Sobre las fuentes de tentación?

Jesús identificó como pecado los pensamientos de maldad que a su vez provocan acciones pecaminosas que destruyen. La severidad de sus ilustraciones prueba la importancia de lidiar con las fuentes de tentación.

¿Cómo podemos aplicar estos versículos a cosas que influyen nuestra mente, tales como: materiales de lectura, televisión, vídeos, películas y la red mundial de información?

¿Qué influencias le llevan a tener pensamientos pecaminosos?

¿Cómo puede disminuir o eliminar estas influencias en su pensamiento?

4.   Lea Marcos 7.20-23. ¿Qué identificó Jesús como el origen de lo que contamina al hombre?

¿Qué sale del corazón?

Todo pecado que cometemos se origina en nuestra mente. Podemos esconder nuestros pensamientos y sentimientos, pero a la larga aparecen en nuestras acciones. Tratar de cambiar nuestras acciones sin permitir que Dios cambie los patrones de pensamiento resulta en un fracaso.

5. ¿Qué muestran los siguientes pasajes sobre el poder de la mente?

Lucas 6.43-45

Romanos 12.2

Tenemos necesidades apremiantes, por lo tanto Dios nos ha ordenado que renovemos nuestras mentes. Él también conoce las luchas que libramos con nuestros pensamientos. Podemos esconderlos de otras personas, pero no podemos esconderlos de Él. Sin embargo, sí podemos escoger el dejar que cambie nuestros pensamientos en unos que sean agradables a Él.

6. Lea Filipenses 2.1-11. ¿Qué actitudes fomentó el apóstol Pablo en la vida de los creyentes filipenses (véanse vv. 2-4)?

¿Qué nos anima a desarrollar el versículo 5?

¿Cómo se describe la actitud de Cristo (véanse vv. 6-8)?

¿Cómo se contrastan las acciones y actitudes de Jesús con las descritas en la primera parte del versículo 3?

Por naturaleza, somos egoístas. Fuimos programados para desear poder, reconocimiento y prominencia; queremos avanzar a costa de otros.

La actitud de Jesús fue totalmente opuesta. Dejó el señorío y el poder igual al de Dios para convertirse en siervo humilde y morir como un criminal. Solo una mente llena de amor podía producir tales acciones de sacrificio propio. Es este el tipo de mente y actitud que el Espíritu Santo quiere desarrollar en nosotros.

¿En la última parte del versículo 3, cuál es la actitud que se estimula a desarrollar ?

7.   Lea Marcos 10.35-45. ¿Qué le pidieron Jacobo y Juan a Jesús?

¿Por qué piensa que hicieron esa petición?

Jacobo y Juan esperaban que Jesús se convirtiera en rey de Israel. En esos días sentarse junto al rey significaba tener una autoridad similar a la del gobernante mismo. ¿Cómo reaccionaron los demás apóstoles a la petición de Jacobo y Juan?

¿Por qué piensa que reaccionaron de esa manera?

Describa cómo se hubiera sentido si hubiese sido uno de los apóstoles.

¿Cómo el mundo mide la grandeza (véase v. 42)?

¿Cuál es la medida de grandeza en el Reino de Cristo?

¿Cómo Jesús ejemplifica la verdadera grandeza?

¿Cómo muestra este pasaje la diferencia entre la mente natural y la mente renovada por Cristo?

8.   Lea Juan 13.3-5; 12-17. ¿Qué sabía Jesús (véase v. 3)?

¿Cuál fue la acción de servicio que hizo Jesús?

¿Cómo le llamaron sus discípulos (véase v. 13)?

¿Cuál fue la reacción de Jesús a esos títulos?

¿Qué puede aprender de este pasaje sobre la mente de Cristo?

Con frecuencia procuramos exaltarnos a nosotros mismos para demostrar lo que valemos como personas. Pero Jesús no tenía ninguna duda en cuanto a su valía. Sabía exactamente quién era y escogió no exaltarse a sí mismo. En lugar de eso, se humilló y sirvió a otros. Una mente como la de Cristo se demuestra a través de acciones similares.

Haga una lista de las frases que estimulan a tener una actitud de servicio (véanse vv. 14-16):

Jesús tomó el papel de siervo para suplir una necesidad ese día. ¿Qué haría hoy día si estuviera físicamente en la tierra?

¿Cómo podría hacer esas obras a través de usted?

9.   Lea Romanos 8.29. ¿Cuál es el plan de Dios para usted?

¿Cómo describiría al cristiano cuya vida se conforma a la semejanza de Jesús?

Por nuestra propia fuerza humana jamás podremos ser semejantes a Él. Sin importar cuánto lo deseemos, no podemos actuar como Jesús por nosotros mismos. Pero al darle al Espíritu Santo la libertad para que obre en nuestras vidas, Él desarrollará en nosotros las cualidades de Jesús.

10.   Lea Romanos 12.1,2. ¿Con qué no debemos conformarnos?

En lugar de esto, ¿qué debemos ser?

¿Cómo ocurre esto?

Una mirada cuidadosa a mi propio corazón

LLEGAR A SER COMO JESÚS

La palabra griega que ha sido traducida «transformaos» es *metamorfoo*. En español, «metamorfosis» procede de la misma raíz. El verbo griego está en tiempo pasivo, indicando que la transformación es hecha por otro.

Esto es significativo; no podemos transformarnos a nosotros mismos. Solo el Espíritu Santo puede renovar nuestro entendimiento y transformar nuestras vidas. Así como Dios convierte a una oruga en mariposa mediante la metamorfosis, así Él puede transformarnos de ser conformes al mundo a ser como Jesús (véase Romanos 8.29).

Esta transformación interna por el Espíritu Santo resulta en cambio.

11.   Lea 2 Corintios 3.17,18. ¿Cuál es el plan de Dios para usted?

¿Qué frases implican que es un proceso continuo?

¿Quién es la fuente de esta transformación?

Es fácil sentirse abrumado por las debilidades y fracasos. Queremos madurez instantánea y transformarnos instantáneamente a la semejanza de Cristo.

Tener mentes renovadas y vidas transformadas no es algo instantáneo; además, tampoco se alcanza totalmente en esta vida. Pablo reconoció que «ser transformado» es un proceso y por ende, lleva tiempo. Es por el poder del Espíritu Santo que podemos ser capaces de avanzar hacia esa meta.

12.   Lea los siguientes versículos. ¿Cuál es la promesa para quienes tienen mentes y corazones renovados?

Isaías 26.3

Romanos 8.6

1 Tesalonicenses 3.13

Los beneficios de una mente y un corazón renovados están a su disposición al someterse al señorío de Jesús. Cuando lo hace, el Espíritu Santo puede purificar sus pensamientos, renovar su mente y darle las actitudes de Jesús.

Pasos de acción que puedo dar hoy

13. Pídale a Dios que le muestre maneras específicas en las que usted puede trabajar junto con Él para desarrollar los pensamientos y las actitudes de Jesús en su mente. Anote en su diario lo que Él le revele.

14. Usted puede cambiar su vida para llegar a ser más semejante a Cristo llenando su mente con su Palabra. Una de las mejores maneras de hacer esto es comprometiéndose a memorizar pasajes bíblicos. ¡Lo que usted mete en su mente es en lo que se convierte!

Busque a alguna persona que tenga el compromiso de memorizar las Escrituras y pídale que sea su compañero. Llámense varias veces cada semana y repitan los versículos aprendidos. Cuando sea necesario, ayúdense y corríjanse mutuamente. Esto se puede hacer por teléfono. También pueden orar el uno por el otro.

Comprender la Biblia es esencial para memorizarla. Escriba Romanos 12.2 en una tarjeta de archivo. Después voltéela y escriba en el reverso el versículo en sus propias palabras. Coloque la tarjeta donde pueda verla todos los días; podría ser en su billetera o cartera, en el tablero de instrumentos del automóvil, o sobre el lavamanos del baño. Cada mañana pídale a Dios que le muestre lo que significa y cómo quiere Él hacerlo una realidad en su vida para ese día. Cuéntele a su compañero de memorización lo que ha aprendido de los versículos.

Dos

PASO UNO: ACÉRQUESE A DIOS - CONÉCTESE CON LA FUENTE DE PODER

Recientemente, escribí varias páginas en mi computadora. Cuando terminé, decidí imprimir lo que había escrito. Con mucho cuidado alinee el papel y oprimí todas las teclas necesarias. No ocurrió nada. La impresora no se dio por enterada. El cable de electricidad estaba enchufado. El potencial para la energía estaba allí, pero la impresora no funcionó.

Entonces descubrí que el cable que debía conectar la computadora con la impresora se había aflojado. La impresora no estaba conectada con la fuente de información. No podía imprimir hasta que el cable entre la computadora y la impresora no fuera debidamente reconectado.

Una mirada cuidadosa al problema

¿CONECTADO O DESCONECTADO?

De esta misma forma, los cristianos tienen un tremendo potencial cuando están *conectados* con la fuente de poder. Sin embargo, a veces, se *desconectan*. En lugar de buscar primero al Señor, permiten que las distracciones de la vida los desestabilicen. En lugar de fortalecerse en la fe, vacilan y empiezan a dar excusas con actitudes y motivos pecaminosos.

Sí, a menudo tratamos de cambiar por fuerza propia nuestras actitudes, pensamientos y acciones. Descubrimos que aun cuando anhelamos parecernos más a Cristo, el deseo por sí solo no es suficiente para transformarnos.

El primer paso para la renovación de nuestra mente es cultivar una relación más íntima con nuestro Señor. Solo cuando estamos conectados con su asombroso poder los viejos patrones pueden convertirse en nuevos.

Esta lección le mostrará cómo mantenerse *conectado* con Jesús, el autor y consumador de su fe (véase Hebreos 12.2). Si de alguna manera usted se ha *desconectado*, también descubrirá cómo reconectarse. Si nunca ha estado enchufado —para empezar— descubrirá cómo conectarse con Cristo y recibir nueva vida en Él.

Una mirada cuidadosa a la verdad de Dios

1. Lea Proverbios 2.1-8. En el primer versículo, ¿qué nos pide el Señor que hagamos?

¿Cuál frase muestra la importancia de escuchar (véase v.2)?

¿Cuál frase muestra la necesidad de buscar una nueva mente (véase v.2)?

¿Cuáles frases nos dicen que pidamos sabiduría (véase v.3)?

¿Cómo dice el versículo 4 que debemos buscar la sabiduría?

¿Qué le dicen los versículos 1 al 4 sobre su responsabilidad para recibir una mente renovada?

Muy frecuentemente invertimos nuestro tiempo y energía para tener una casa hermosa y otras posesiones. El autor de los Proverbios, sin embargo, nos pide con insistencia que busquemos la sabiduría divina como se busca la plata escondida en la tierra. Un esfuerzo continuo y diligente es necesario para excavar este tesoro. ¿Cuánto tiempo y esfuerzo está dispuesto a invertir en su búsqueda de la sabiduría divina?

¿Cuál es el resultado prometido (véase Proverbios 2.5) por un esfuerzo diligente de buscar la sabiduría divina?

¿Qué nos dice el versículo 6 en cuanto a la fuente de los pensamientos divinos?

¿Qué significa comprender el temor del Señor y hallar el conocimiento de Dios (véase v.5)?

Comprender el temor del Señor significa tener una profunda reverencia hacia Él. Hallar el conocimiento de Dios implica conocerle personalmente. Si queremos crecer en nuestra comprensión de su naturaleza debemos pasar tiempo con Él.

2. ¿Qué enseñan los siguientes versículos en cuanto a recibir sabiduría?

Salmos 25.8,9

Salmo 51.6

Proverbios 9.10

Así como las computadoras no funcionan si no están conectadas con las fuentes de energía, nuestras mentes no serán renovadas si no están conectadas con Dios. Él es nuestra fuente suprema de poder, sabiduría y comprensión. En los siguientes pasajes, el apóstol Pablo llega a la misma conclusión.

3. Lea Colosenses 1.24-29. ¿Cuál es el misterio que Dios ha revelado (véase v.27)?

¿Qué frase identifica a la fuente de poder de Pablo (véase v.29)?

¿Qué revela el versículo 29 sobre este poder?

Explique lo que significa la frase: «Cristo en vosotros, la esperanza de gloria» (v. 27).

¿Cómo ayudaron las acciones de Pablo para que otros desarrollaran mentes renovadas (véase v. 28)?

¿Cuál es su responsabilidad para recibir una mente renovada?

CRECER EN CRISTO
Pablo proclamó una relación vital con Cristo como nuestra única esperanza de victoria y gloria eterna. Dedicó todas sus energías a proclamar la esperanza que tenemos en Jesús. Enseñó y exhortó a sus convertidos a ser presentados maduros ante Cristo.

Después de recibir a Cristo como Salvador debemos permitir que su Espíritu obre en nosotros. También debemos escuchar a maestros consagrados que nos retan, exhortan y fortalecen.

4.   Lea Colosenses 2.1-10. ¿Qué resultado deseaba Pablo para los creyentes (véase v.2)?

¿Qué enseña el versículo 3 en relación a la sabiduría?

¿Qué debemos hacer según los versículos 6 y 7?

¿Qué acciones le ayudarán a desarrollarse y a echar raíces en Jesús?

Las raíces de los árboles penetran profundamente en la tierra para extraer su alimento. Una vez que están firmemente arraigadas, ninguna tormenta las puede arrancar con facilidad. Enraizarse en Jesús quiere decir pasar tiempo de calidad con Él. Hacer menos que esto resultará en raíces superficiales que cederán ante las tormentas de la vida.

Una mirada cuidadosa a mi propio corazón

5.   Lea Jeremías 17.9. ¿Cómo describe Dios el corazón de una persona común?

Satanás no es el único engañador. Nuestros corazones también son engañosos. Por esto, tardamos en reconocer nuestras actitudes y motivos pecaminosos. En lugar de esto, los disculpamos. No siempre podemos confiar en nuestra conciencia para que nos dirija.

6.   Lea 1 Crónicas 28.9. ¿Qué le revela este versículo en relación al conocimiento que Dios tiene de sus pensamientos y motivos?

Solo Dios comprende completamente nuestros motivos. Al invitarle a que nos examine y a hacernos conscientes de nuestros pecados permite que veamos lo que necesita ser cambiado. Al confesar esos pecados y pedirle perdón, Él nos limpia. El resultado es una mente renovada.

Al Jesús preparar a sus discípulos para su inminente muerte, prometió enviar a su Espíritu Santo para capacitarlos a ellos —y a nosotros— para vivir vidas santas.

7.   Lea Juan 16.5-16. Haga una lista de palabras y frases que describen la obra del Espíritu Santo.

El Espíritu Santo es la fuente de una mente renovada. El Espíritu produce actitudes y acciones santas, nos convence de pecado y nos guía a la verdad. Cuando le da libertad al Espíritu Santo para que obre en su vida, Él ejerce su poder para que usted dé gloria a Jesús. A su vez, usted se somete voluntariamente a su liderazgo.

8.   Usted puede dar gloria a Jesús haciendo lo siguiente:
     Pídale al Señor que le revele cualquier pecado oculto en su corazón. Después de confesarlos pídale que le limpie, que renueve su mente y que cambie sus actitudes. Entonces eleve como oración el Salmo 51.10: «Crea en mí, oh Dios, un corazón limpio, y renueva un espíritu recto dentro de mí».

Pasos de acción que puedo dar hoy

9.   Si usted nunca ha aceptado a Jesús como su Salvador y Señor personal, le invitamos a hacerlo ahora mismo. Escriba una oración parafraseando los siguientes versículos: Juan 3.16; Romanos 3.23; 5.8; 1 Juan 1.9; Juan 1.12. Pídale que le haga su hijo.

Aprópiese hoy mismo de esta verdad: *Dios cambiará mi manera de pensar si le entrego el control de mi vida a Él.*

Haga suyo este versículo: «El que comenzó en vosotros la buena obra, la perfeccionará hasta el día de Jesucristo» (Filipenses 1.6).

10. Si usted ya ha aceptado a Cristo, use estas preguntas como ayuda para evaluar dónde está hoy en su relación con su Señor.

   a. ¿Está caminando diariamente en la plenitud de su Espíritu Santo?

   b. ¿Quiere pedirle al Espíritu Santo que le llene y fortalezca de nuevo?

11. Si usted respondió que sí a las preguntas 10a y 10b, le exhortamos a que ahora evalúe el tiempo que dedica a cultivar su relación con el Señor.

   a. En su diario, haga una lista de las cosas que estorban su relación con Dios. Pídale que le muestre qué pasos puede dar para eliminar estos estorbos. Anótelos.

   b. Ahora escriba algunas maneras en las que puede fortalecer su relación personal con Dios. ¿Necesita aumentar el tiempo que dedica a leer su palabra y orar? ¿Necesita pasar más tiempo memorizando porciones bíblicas?

   c. Pídale a algún amigo que lo haga responsable por las acciones que ha decidido poner en práctica a partir de hoy.

12. Memorice el Salmo 51.10. Para ayudarle a recordar este versículo, haga un cuadro mental de él. Imagínese que está mirando una fotografía de lo que trata este versículo. ¿Cómo se vería un corazón puro? ¿Un espíritu recto? Descríbale a su compañero de memorización este cuadro, al recitar el versículo. Asegúrese de repasar Romanos 12.2.

Tres

PASO DOS: USE LA PALABRA DE DIOS - NUESTRO MANUAL DE INSTRUCCIONES

La información que produce una computadora se relaciona directamente con lo que se entra en su memoria. Si entro palabras con faltas ortográficas o cifras equivocadas, los errores se reproducirán en la información subsecuente. Si ponemos información incorrecta, es imposible que la computadora produzca información válida.

Una mirada cuidadosa al problema

LA FUENTE DE LA VERDAD
La mente humana funciona de manera muy similar. No podemos entrar información falsa en nuestras mentes y esperar que nuestras vidas muestren la verdad de Dios. Afirmaciones incorrectas como:

«Dios no me puede usar hoy», «No puedo vencer este pecado», o «No valgo nada» producen acciones de pecado, no verdad y pureza.

Lo que producen nuestras vidas está directamente relacionado con lo que permitimos que entre en nuestras mentes. Si queremos demostrar características consagradas, necesitamos entrar información correcta. La Biblia es una fuente de información en la que siempre se puede confiar. La Palabra de Dios es verdad. Cuando la entremos en nuestras mentes, hará una diferencia en nuestras actitudes y acciones.

Aun cuando ya le hemos exhortado a que memorice la Palabra de Dios como parte de la renovación de su mente, este capítulo le mostrará en detalle sobre la importancia —según la Biblia— de permitir que los pensamientos de Dios se conviertan en sus pensamientos; los anhelos de Él en los suyos; las actitudes de Él en las suyas. Presentaremos sugerencias adicionales muy prácticas que le ayudarán a guardar en su mente la Palabra de Dios para que su poderosa influencia pueda producir verdad y exactitud en su pensamiento.

Una mirada cuidadosa a la verdad de Dios

1.   Lea el Salmo 119. ¿Cuáles son los resultados de leer y aplicar la Palabra de Dios que se encuentran en los siguientes versículos?

versículos 9-11

versículo 28

versículo 40

versículos 99,100

versículo 164

2. Haga una lista de las frases de los siguientes versículos que
    implican el memorizar las Escrituras.

versículo 11

versículo 15

versículo 61

El salmista reconoció la poderosa influencia de la Palabra de Dios.
Debido a que la había guardado profundamente en su corazón,
conocía —de primera mano— el poder tremendo de la Biblia para
cambiar una vida.

3. ¿Cúales son las promesas para quienes meditan en la Palabra de Dios?

Josué 1.7,8

Salmos 1.2,3

¿Cómo define el diccionario la palabra «meditar»?

¿Qué piensa que significa meditar en la Palabra de Dios?

¿Por qué es importante?

Cuando meditamos en la Palabra de Dios pensamos en ella, en lo que dice. Le pedimos al Señor que nos ayude a comprender más profundamente. «¿Qué significa este pasaje? ¿Qué me quiere decir a mí? ¿Cómo puedo aplicarlo a mi vida?» Entonces, la verdad bíblica llega a ser parte de nuestro pensar.

4. Lea Mateo 4.1-11. El relato de la tentación de Jesús en el desierto es un ejemplo del poder de la Palabra de Dios para

dar fortaleza para vencer el pecado. ¿Qué frase, repetida en los versículos 4, 7 y 10, muestra que Jesús usó la Biblia para luchar contra las tentaciones de Satanás?

Como Jesús conocía la Palabra de Dios la pudo usar para protegerse contra el pecado. Nosotros también podemos tener la misma protección al estudiar y meditar en la Biblia. La palabra de Dios es poderosa. Necesitamos tomarla en serio.

5. El ejemplo de Eva al ser engañada en el huerto del Edén ilustra el peligro de no tomar en serio la Palabra de Dios. Lea 2 Corintios 11.3,4,13-15.

¿Cómo fue engañada Eva (véase v.3)?

¿Qué temía Pablo que podía ocurrir a los creyentes corintios?

¿Qué era lo que los corintios estaban permitiendo?

¿Cómo se describe a Satanás en el versículo 14?

¿Cómo se describe a sus siervos en el versículo 15?

¿Qué le enseña este pasaje sobre Satanás y sus tácticas?

Necesitamos estar conscientes de que Satanás presenta tentaciones sutiles. Lo que ofrece parece bueno; algunas veces, hasta espiritual. Es importante que probemos con la Palabra de Dios toda enseñanza antes de aceptarla.

6. Lea Génesis 2.16,17; 3.1-7,13. ¿Qué frase de Génesis 3.1 muestra que Satanás trató que Eva dudara de la Palabra de Dios?

¿Cómo las palabras de Satanás contradicen las de Dios en Génesis 2.17?

¿Qué hizo Satanás para que la tentación pareciera espiritualmente provechosa?

¿Qué respuesta dio Eva cuando se le preguntó por qué había desobedecido?

¿Cómo el dudar de la Palabra de Dios llevó a Eva a pecar?

Satanás es un mentiroso que trata de engañarnos. Pero la verdad de Dios, según está registrada en su Palabra, puede llegar a ser parte de nuestras mentes al punto de poder reconocer las mentiras de Satanás tan pronto las oímos. Si Eva hubiera examinado las palabras a la luz de lo que Dios había dicho, hubiera reconocido la mentira y eso la hubiera alejado del pecado. Rechazar la Biblia lleva a pecar. Aceptarla y obedecerla lleva a la santidad.

7.   Lea Hebreos 4.12. ¿Cómo describe en este versículo la Palabra de Dios?

¿Qué frase muestra el poder de la Palabra de Dios sobre la mente?

Dé ejemplos de cómo la Palabra de Dios ha revelado pensamientos y actitudes de pecado en su vida.

VERIFIQUE SU FUENTE DE INFORMACIÓN
Una amiga mía tomó un curso de computadoras en la universidad. En el primer laboratorio práctico, la instructora vino sin la debida preparación. Dio las instrucciones para lograr ciertos objetivos, pero algunas eran incorrectas por lo que no se pudo lograr lo que se quería. La confundida instructora dio otras instrucciones. También fallaron. Abrió un libro. Confundida, tomó un texto de programación en lugar del manual de la computadora. Una vez más, no pudo dar las instrucciones correctas.

Como esa maestra, a veces estamos preparados inadecuadamente y buscamos las respuestas en la fuente equivocada. Sin embargo, la Biblia es el único manual confiable para la vida cristiana. Debe ser el primer lugar en consultar cuando necesitamos ayuda.

8. Lea Hechos 17.11. ¿Por qué se elogió a los creyentes de Berea?

Se elogió a los bereanos porque no solo recibieron con buen agrado el mensaje de Pablo, sino que examinaban diariamente la Biblia para asegurarse de que lo que Pablo enseñaba era la verdad. Tenían ansias de aprender, pero se rehusaron a ser ingenuos y aceptar algo que no venía de Dios.

Muy a menudo, podemos dejarnos arrastrar y seguir ciegamente a oradores poderosos que tienen carisma. Necesitamos examinar con la Biblia toda enseñanza y pronunciamiento profético, sin importar cuán importante o espiritual parezcan los maestros. *Cualquier enseñanza que no se alinee con la Biblia no debe aceptarse como proveniente de Dios.*

9. Lea 2 Timoteo 3.14-17. ¿Qué enseña el versículo 16 sobre a la fuente de las Escrituras?

¿Qué puede lograr la Palabra de Dios?

¿Cómo los resultados de estudiar la Palabra de Dios se relacionan con la renovación de la mente?

Si queremos que Dios nos use en el ministerio, debemos estar preparados y equipados. A menudo tratamos de prepararnos asistiendo a estudios, seminarios, cultos de adoración y reuniones de inspiración. Aun cuando estas actividades son útiles, no son sustituto para el estudio personal de la Palabra de Dios.

¿Por qué piensa que esto es así?

10. ¿Qué enseñan los siguientes pasajes sobre el poder de la Biblia?

Marcos 12.24

Romanos 15.4

Una mirada cuidadosa a mi propio corazón

GUARDAR LA PALABRA DE DIOS EN SU MEMORIA
Una de las primeras lecciones que aprendí al usar una computadora fue la importancia de la tecla *guardar*. Un día, después de escribir diez páginas, una breve interrupción de la electricidad lo borró todo. No lo había guardado en el banco de memoria. La sencilla operación de oprimir una tecla al final de cada página hubiera guardado la información para luego recuperarla fácilmente.

Cuando Dios creó a la humanidad, nos equipó con un recurso de almacenaje: nuestra memoria. Podemos memorizar las Escrituras y tenerlas disponibles en cualquier momento que las necesitemos:

fortaleza en momentos de tentación, esperanza en la desesperación y paz en medio del caos. Ofrece sabiduría en la toma de decisiones y guía para aconsejar a otros. Revela el pecado para que podamos ser perdonados y limpios. Conforme guardamos la Palabra de Dios en los archivos de nuestra memoria, los pensamientos y las actitudes de Dios reemplazan las nuestros.

A menudo fallamos al memorizar las Escrituras pues pensamos que no tenemos tiempo. Pero todos tenemos momentos libres. Cuando Dios me hizo notar la importancia de la memorización de la Biblia le pedí que me mostrara el tiempo en que debía hacerlo. Escribí versículos en tarjetas de archivo y los memorizaba en las mañanas mientras me rizaba el pelo. Pronto estaba memorizando y repasando mientras esperaba en los semáforos, cuando doblaba la ropa, caminando o montando en mi bicicleta de ejercicios. En menos de un año había memorizado más de ochenta versículos.

¿Qué tal usted? ¿Hay momentos en su horario en los que puede guardar en su memoria la Palabra de Dios? Pídale a Él que se los muestre.

Pasos de acción que puedo dar hoy

11.   Repase las preguntas de esta lección. Note los resultados prometidos a los que leen y estudian la Palabra de Dios. Ponga una marca junto a los resultados que usted desea ver con más evidencia en su vida.

12.   Evalúe su horario. Por varios días lleve cuenta en su diario de los momentos perdidos. Al final de la semana y en actitud de oración, fíjese en lo que anotó. ¿Hay momentos que usted pudiera usar para leer la Biblia o dedicarlos a repasar los versículos que ha memorizado? Cuéntele a su compañero lo que ha descubierto. Luego oren juntos por el compromiso con Dios de dedicar esos momentos a la Palabra.

13. Practique la meditación en las Escrituras seleccionando Deuteronomio 11.18,19 o un versículo de los que ha estudiado esta semana y que haya sido especialmente significativo para usted. Piense en las preguntas: «¿Qué significa este pasaje? ¿Qué significa para mí? ¿Cómo puedo aplicarlo a mi vida?» Aprópiese de este versículo escribiéndolo en sus propias palabras en su diario.

14. Meditar en versículos específicos es una ayuda valiosa para aprender de memoria porciones bíblicas. Aprenda de memoria el versículo que seleccione. Repáselo varias veces cada día durante esta semana. Repítaselo a su compañero de memorización. Ambos crecerán conforme la verdad bíblica se convierte en parte integral de sus pensamientos.

PASO TRES: PIENSE EN COSAS BUENAS INTRODUZCA INFORMACIÓN VÁLIDA

El mensaje de una etiqueta en un parachoques dice: «Errar es humano. Para realmente enredar las cosas se necesita una computadora».

Se culpa a las computadoras por numerosos errores, pero muchos de los cargos no tienen base. Los programadores explican la situación con las siglas «BEBS», que significa: «basura entra, basura sale». Las computadoras que producen información errónea están haciendo —por lo general— exactamente lo que se les ha pedido que hagan. Bien sea que fueron mal programadas desde el principio, o que se les puso información defectuosa más tarde.

Una mirada cuidadosa al problema

SI SE ENTRA BASURA, SALE BASURA

Esto es también cierto en nuestra mente humana. Nos frustramos por nuestros pensamientos, palabras y acciones pecaminosas. Pero, ¿estamos comiendo basura mental? No podemos producir cosas buenas cuando llenamos de basura nuestras mentes.

1. Lea 1 Juan 2.15-17. ¿Qué se nos dice que no debemos amar?

    ¿Qué cosas vienen del mundo (véase v.16)?

    ¿Cómo piensa usted que influye en el pensamiento el que vivamos en un mundo impío?

Aunque no somos del mundo, todavía estamos en el mundo (véase Juan 17.14-18). Como resultado, se nos estimula a pensar mundanamente. Mucho de lo que vemos y oímos de los medios masivos de comunicación nos estimula a pensar mundana y sensualmente.

Sin embargo, somos nosotros los que escogemos permitirle o no al mundo afectar nuestro pensar. Escogemos lo que ponemos en nuestra mente, y todo lo que ponemos allí influye en nuestros pensamientos. Si queremos actitudes y acciones consagradas debemos escoger pensar en cosas buenas.

Este capítulo nos mostrará la importancia de enfocar nuestras mentes en lo que es bueno y noble. Si es cierto que «basura entra, basura sale», entonces también lo es: «Palabra de Dios entra, acciones santas salen».

La Palabra de Dios nos muestra que podemos tener mentes renovadas.

2. Por los próximos días, registre en su diario las diferentes fuentes de información con las que usted alimenta su mente. Anote los programas de radio, cintas grabadas, programas de televisión, películas, información de la internet, libros, revistas, conversaciones y reuniones.

    Lleve el tiempo aproximado que dedica a cada actividad. Luego evalúe basándose en si fortalece o debilita su resolución de vivir santamente. Pregúntese: «¿Apela esta actividad a mi naturaleza sensual o me acerca a Dios?»

Una mirada cuidadosa a la verdad de Dios

3. Los israelitas lucharon con tentaciones similares a las que nosotros tenemos. Aun cuando habían visto —milagro tras milagro— la provisión y la protección de Dios, seguían alejándose de Él. De acuerdo a 1 Corintios 10.1-10, ¿qué los llevó a caer?

4. Lea Romanos 8.5. ¿Sobre qué se enfoca la mente pecaminosa?

    ¿Sobre qué se enfoca la mente espiritual?

    ¿En quién debemos enfocarnos?

Es vital reconocer que podemos escoger la dirección de nuestros pensamientos: en cosas terrenales o en cosas celestiales. Conforme nos enfocamos en cosas espirituales aumenta nuestra capacidad para permitir que el Espíritu de Dios controle nuestras vidas.

5.   Lea Gálatas 6.7,8. ¿Qué siega el hombre?

¿Cuál es el resultado de sembrar para complacer a nuestra naturaleza de pecado?

¿Cuál es el resultado de sembrar para agradar al Espíritu Santo?

¿Cómo se aplica a nuestra vida intelectual el principio de sembrar y cosechar?

¿Qué clases de semillas está sembrando usted?

Si usted quiere zanahorias no siembra semillas de pepinillos y espera que produzcan zanahorias. Solo las semillas de zanahoria producen zanahorias.

De la misma manera, lo que usted siembra en su mente es exactamente lo que producirá su vida.

LA LUCHA ENTRE LO VIEJO Y LO NUEVO

Un anciano —que se convirtió en cristiano tarde en su vida— luchaba con pensamientos de pecado y tentaciones. Un día, mientras hablaba con su pastor, le dijo:

—Siento como que tengo dos perros enormes luchando dentro de mí. Uno quiere que haga lo malo; el otro quiere que haga lo bueno.

—¿Cuál perro gana?— le preguntó su pastor.

—Aquel al que le doy de comer— replicó el anciano.

La naturaleza que alimentemos será más fuerte y dominará nuestro pensamiento y acciones.

6. Lea Proverbios 4.23. ¿Qué se nos exhorta a hacer por encima de todo? ¿Por qué?

Describa el cuadro mental que le viene a la mente al pensar en un guarda.

¿Cuál es el propósito de un guarda?

¿Cómo puede usted guardar su corazón?

¿Cómo puede esto afectar lo que usted decide ver en la televisión o las películas o lo que lee?

¿En cuanto a qué otras cosas necesita guardar su mente?

7. Lea Filipenses 1.12-14. El apóstol Pablo es un ejemplo de alguien que escogió enfocar sabiamente su mente. ¿Cuál fue la situación difícil que enfrentó en la que tuvo que escoger dónde enfocar la mirada?

¿En qué decidió Pablo enfocarse?

¿Qué piensa que le hubiera ocurrido a la mente de Pablo si hubiera escogido enfocarse en su encarcelamiento?

¿Cómo piensa que este enfoque afectó sus actitudes y emociones?

Si Pablo se hubiera concentrado en su encarcelamiento, se hubiera desalentado y desanimado. En lugar de eso, se enfocó en lo bueno que había logrado. Como resultado, se alentó. Se alegró en los resultados eternos de vidas cambiadas, en lugar de pensar en lo mal que andaba su situación.

8. Lea Filipenses 1.15-21. ¿En qué situación triste pudo haberse enfocado Pablo?

¿Cuál fue su enfoque?

¿Cuál fue el resultado de su enfoque?

¿Qué emociones pudo haber sentido Pablo si se hubiera enfocado en los motivos incorrectos de la gente?

¿Cómo su enfoque afecta la manera en la que usted maneja las situaciones dolorosas?

¿Cómo su enfoque puede resultar en ira o gozo?

ESCOGER SU ENFOQUE
Si Pablo hubiera escogido enfocarse en los motivos impuros de otros predicadores, se hubiera convertido en un resentido o en un amargado. Pero al pensar en las vidas que estaban siendo cambiadas por el evangelio, se regocijó.

De la misma manera, el enfoque que escojamos determina el que experimentemos gozo y victoria o el que nos dejemos derrotar por la ira y la amargura. Si pensamos en el daño pasado y en lo que anda mal con otros, nunca veremos el bien en ellos o lo que Dios puede lograr a través de sus vidas.

9. Lea Filipenses 1.20-26. ¿Qué esperaba Pablo que ocurriera a través de su cuerpo (véase v. 20)?

¿Cuál era el enfoque en la vida de Pablo?

¿Cuál era su enfoque en relación a la muerte?

¿Cómo piensa usted que el enfoque de Pablo afectó su valor?

¿Cómo afectó su deseo de predicar el evangelio?

Una mirada cuidadosa a mi propio corazón

10. Al principio del capítulo se le pidió que hiciera en su diario una lista de las diferentes fuentes de información con las que usted alimenta su mente y la cantidad de tiempo que dedica a cada actividad. Luego se le pidió que evaluara si la actividad realizada contribuye a su naturaleza sensual o si lo acerca a Dios.

    Ahora vuelva a su lista y pregúntese: *¿Cuál naturaleza de mi dieta mental está mejor alimentada?* Pídale a Dios que le muestre qué necesita cambiar y cómo guardar su mente.

11. Lea Filipenses 4.8. Haga una lista de las cosas en las que Pablo dice que debe pensar.

    Si obedeciera lo que dice este versículo, ¿cómo se afectaría lo que usted permite que entre en su mente?

Pasos de acción que puedo dar hoy

12.   En su diario, anote cómo el enfocarse en los atributos señalados en Filipenses 4.8 podría cambiar sus actitudes en los siguientes aspectos: crítica, resentimiento, temor, lujuria, duda, desaliento y depresión.

En una hoja de papel separada escriba cada una de las cualidades (deje bastante espacio entre una y otra) señaladas en Filipenses 4.8. Debajo de cada cualidad escriba cosas en las que usted sabe que *puede* enfocar su mirada. Probablemente querrá volver varias veces y añadir a lo que ya ha escrito. Ponga esa hoja donde pueda verla a menudo para que le recuerde que debe pensar en estas cosas. Pídale a Dios que cambie su enfoque de lo malo a lo bueno.

13.   Escriba Filipenses 4.8 en una tarjeta de archivo y léalo varias veces cada día. Llame a su compañero de memorización al final de la semana y recítele el versículo sin mirar la tarjeta. Repetir los versículos de las lecciones anteriores también le ayudará a retenerlos en la memoria.

Recuerde: «Palabra de Dios entra, acciones santas salen». Usted puede escoger tener una mente renovada. Disciplinarse para memorizar la Palabra de Dios es parte de ello.

Cinco

Paso cuatro: deshágase de los pensamientos incorrectos Limpie el programa

---

Todo programador de computadoras reconoce la importancia de probar un nuevo programa para asegurarse de que produce información correcta. Lo hace comparando la información producida con información que se ha recopilado por otros medios. Si la información sale incorrecta o distorsionada, el programador limpia el programa buscando cuidadosamente hasta dar con las instrucciones erróneas. Cuando encuentra la orden equivocada, la reemplaza con una correcta.

Una mirada cuidadosa al problema

GUERRA MENTAL

Como nuestras mentes naturales han sido programadas incorrectamente, nuestro pensamiento necesita ser limpiado. Lo hacemos al compararlo con la Palabra de Dios. Si los dos no pueden alinearse, somos responsables por reemplazar el error con la verdad. Pero esto no es fácil. De hecho, la Biblia usa frases tales como «hacer la guerra», «armas», y «destrucción de fortalezas» (véase 2 Corintios 10.3-5) para describir lo que ocurre en nuestras mentes cuando escogemos reprogramarlas.

1. Lea 2 Corintios 10.3-5 y describa lo que está ocurriendo.

¿Por qué piensa que la Biblia usa la analogía de la guerra para describir la vida del cristiano en el mundo?

¿Quiénes son sus enemigos?

El objetivo de esta lección es ayudarle a comprender mejor la lucha que surge mientras aprende a pensar los pensamientos de Dios en lugar de los suyos propios. Esté atento para descubrir las armas que Dios ha diseñado para darle la victoria. Cuando usted usa el armamento divino puede derribar fortalezas y estar firme en Él.

Una mirada cuidadosa a la verdad de Dios

LA GUERRA QUE ESTAMOS PELEANDO

2. Lea Romanos 7.14-15. ¿Quiénes son los principales personajes que intervienen en esta guerra?

Resuma brevemente la guerra descrita en este pasaje.

En los versículos 22 al 24 Pablo expresó su conflicto con el pecado. Escriba una paráfrasis personalizada de estos versículos. Hágala de forma que describa lo que está sintiendo en estos mismos momentos.

Este pasaje de Romanos muestra la intensidad de la batalla que estamos peleando. Con nuestras propias fuerzas somos incapaces de vencer la inclinación de nuestra naturaleza humana hacia el pecado. Pero Dios no nos deja en desesperanza. La victoria contra el poder de Satanás y nuestra naturaleza pecaminosa *es* posible.

3.   Lea Romanos 7.24—8.4. ¿Quién puede darnos la victoria (véase v.25)?

¿Qué clave para ganar se encuentra en 8.4?

¿Qué involucra el vivir de conforme al Espíritu?

Aun cuando nuestros enemigos son fuertes, el Espíritu de Dios en nosotros es más poderoso que ellos y puede darnos la victoria. Cuando vivimos «conforme al Espíritu», descansamos en su poder. No intentamos vencer la tentación y el pecado mediante la fuerza de voluntad y la determinación. En lugar de esto, clamamos a Dios para que nos de la victoria.

ARMAS QUE PODEMOS USAR

4. Relea 2 Corintios 10.3-5. Describa nuestras armas espirituales.

¿Por qué son importantes las armas para el soldado que pelea una batalla?

¿Por qué las armas son importantes para usted como soldado cristiano en la batalla contra los deseos carnales y los ataques de Satanás?

¿Qué son capaces de derribar estas armas?

El versículo 4 promete que nuestras armas tienen poder para derribar fortalezas. La palabra «fortaleza» significa «un lugar fuertemente fortificado o un fuerte». En tiempos bíblicos una fortaleza era un lugar fuertemente guardado bajo el control del ejército que lo poseía.

¿Cuáles son algunas de las fortalezas que los cristianos permiten que se construyan en sus mentes?

Con frecuencia le permitimos a Satanás —o a nuestra naturaleza humana— que construya fortalezas en nuestra mente: fortalezas de temor, desaliento, odio, resentimiento, lujuria, inseguridad o ira. Como todo esto ha estado bajo el firme control del enemigo por largo tiempo, no podemos eliminarlos con nuestras propias fuerzas. Tenemos que usar las armas de Dios.

¿Qué podemos hacer con los pensamientos errados (véase v.5)?

¿Qué quiere decir «llevando cautivo todo pensamiento a la obediencia a Cristo»?

¿Cómo se puede lograr esto?

Porque somos humanos y vivimos en un mundo pecador, con frecuencia surgen en nuestra mente pensamientos que no tienen nada de santos. Si los alimentamos, le permitiremos a Satanás que construya en nuestra mente fortalezas que luego serán difícil de derribar.

Pero no tenemos porqué permitir que los pensamientos pecaminosos se queden y nos derroten. La Palabra de Dios promete que cuando usamos las armas divinas, podemos llevar cautivo todo pensamiento y hacerlo obediente a Cristo. Cuando escogemos hacer esto, Satanás no podrá construir fortalezas en nuestra mente.

El ejemplo de Jesús en el Evangelio de Marcos nos da una idea de cómo podemos llevar cautivos nuestros pensamientos.

COMBATE MANO A MANO

5. Lea Marcos 8.31-33. ¿Qué eventos futuros estaba Jesús explicándole a sus discípulos?

¿Cuál fue la reacción de Pedro?

¿Cuál fue la respuesta de Jesús?

¿Por qué piensa usted que Jesús respondió tan fuertemente a las palabras de Pedro?

¿Por qué Jesús le habló a Pedro cuando reprendió a Satanás?

Jesús reconoció que Satanás era la fuente de donde provenía el pensamiento de Pedro. Conociendo que la tentación de escapar del sufrimiento y la muerte estaba en directa oposición a la voluntad del Padre para Él, Jesús trató inmediatamente con la tentación y se rehusó a darle cabida.

De esta misma manera, Satanás pone en nuestra mente pensamientos que se oponen a la voluntad de Dios para nosotros. A menos que tratemos con ellos de inmediato, crecerán y nos harán pecar.

TOMAR CAUTIVO AL ENEMIGO

6. Lea Mateo 9.4. ¿Contra qué advierte Jesús?

¿En qué se parece el recibir invitados a recibir pensamientos?

Cuando recibimos invitados en la casa, tratamos de hacerlos sentir bienvenidos y cómodos. De la misma manera, cuando recibimos pensamientos, le permitimos que se sientan cómodos en nuestra mente. Mientras los hacemos sentir en casa y los alimentamos, se acomodan más profundamente.

¿Cómo, entonces, podemos mostrarles la puerta de salida?

7.   Lea Romanos 13.14. ¿En qué debemos rehusar pensar?

8.   Lea Filipenses 3.18—4.1. ¿Cómo estaban viviendo muchos de los cristianos practicantes del tiempo de Pablo (véase v.18)?

¿Cuál era el enfoque de sus mentes (véase v.19)?

¿Cuál era el foco de atención de Pablo (véanse vv. 20,31)?

Pablo escribió con lágrimas sobre estos creyentes que vivían como enemigos de Cristo y de la cruz. Sus vidas deshonraban a Jesús porque sus mentes estaban enfocadas en las cosas terrenales. No podían vivir victoriosamente si seguían enfocados en las posesiones materiales o recibiendo pensamientos malignos.

Tampoco podemos nosotros. Los pensamientos malignos producen acciones de pecado. Debemos confesarlos como pecado, pedir limpieza y reemplazarlos con buenos pensamientos.

¿Ha estado leyendo alguna vez y luego se ha dado cuenta de que no recuerda nada de lo leído? ¿Qué ha pasado? Ha permitido que su mente divague y piense en un tema que no se relaciona en nada con lo que tenía delante de los ojos.

Nuestras mentes son incapaces de enfocar dos asuntos a la vez. Podemos cambiar nuestro enfoque, retirándolo de lo que desagrada a Dios y poniéndolo en lo que le agrada.

HACER MORIR AL ENEMIGO

9. Lea Colosenses 3.1-11. ¿En qué debemos pensar (véanse vv. 1,2)?

¿En qué no debemos pensar?

¿Qué necesidades dentro de nosotros debemos hacer morir (véase v.5)?

¿De qué debemos deshacernos (véanse vv. 8,9)?

¿Cómo se relacionan con la mente las características indicadas en los versículos 5,8 y 9?

¿Cómo se puede hacer morir a estas cosas?

Hacer morir algo es despojarlo de su poder y de su capacidad para controlar. Cuando usamos las armas de Dios para hacer morir los malos deseos y actividades, ya no tienen más poder para controlarnos.

¿Cómo describe el versículo 10 a la nueva persona?

Nótese que la nueva persona ha *sido* renovada en conocimiento. La mente renovada no es algo que ocurre instantáneamente; es un proceso de crecimiento. No debemos desanimarnos cuando no conseguimos —de forma inmediata— pensar divinamente en todas las esferas de la vida.

10. Lea Apocalipsis 12.11. ¿Qué armas usan los santos victoriosos?

¿Cómo pueden estas armas ayudarnos a vencer a los pensamientos malignos?

ESCOGER LA VICTORIA

La sangre de Jesucristo, el Cordero de Dios, limpia de pecado. Jesús murió para darnos perdón y victoria. Al apropiarnos del poder de su sangre y pedirle su ayuda, podemos vencer los pensamientos pecaminosos.

La palabra de testimonio proclama la victoria ya ganada. Apropiarnos de las promesas de Dios nos capacita para que reconozcamos las mentiras de Satanás y venzamos sus ataques. El compromiso con Jesús es crucial para la victoria. Estos santos estaban decididos a seguirle, sin importar el precio. Porque pelearon contra Satanás con las armas divinas, vencieron.

Una mirada cuidadosa a mi propio corazón

Usted también puede vencer las mentiras y los ataques de Satanás si usa las armas que Dios ha provisto.

11.   Lea Efesios 6.10-18. ¿Quién es la fuente de fuerza (véase v. 10)?

¿Qué se nos dice que debemos vestir?

¿Por qué?

¿Cómo se relacionan los versículos 10-13 con su lucha con los pensamientos pecaminosos?

¿Cómo promete victoria el versículo 13?

Usted no es un buen contrincante contra las fuerzas espirituales de maldad si no está vestido completamente con la armadura de Dios. Sin embargo, cuando usted usa las armas de Dios puede derrotar las fortalezas de Satanás y estar firme en el Señor.

Los pensamientos pecaminosos seguirán llegando a su mente, pero no tiene porqué dejar que se queden. Un viejo refrán dice: «No puedes evitar que los pájaros vuelen sobre tu cabeza, pero no tienes porqué permitirles que hagan sus nidos en tu pelo».

Usted *puede* reemplazar con pensamientos santos los pensamientos de pecado.

Pasos de acción que puedo dar hoy

12. Pídale a Dios que le haga consciente de cualquier pensamiento que no le agrade a Él. Decida no alimentarlo ni hacerlo sentir cómodo. En lugar de eso —con la ayuda de Dios— tome «cautivo» el pensamiento, confiéselo como pecado, y tráigalo ante Cristo en obediencia. Luego, escoja conscientemente reemplazarlo con oración, acción de gracia o con las Escrituras.

13. En su diario, haga una lista de los pensamientos que debe tomar cautivos y cómo los va a sujetar a la obediencia de Cristo.

14. Memorice 2 Corintios 10.4,5. Estos versículos tienen un gran impacto visual. Imagíneselos ocurriendo. Nótese los verbos fuertes. Lea varias veces estos versículos en voz alta para que pueda verlos y escucharlos. Hacerlo con su compañero de memorización será beneficioso para ambos. Además, escriba estos versículos varias veces para que se impriman profundamente en su mente. Los pasajes bíblicos que guarda en su mente tienen el poder divino para destruir a los enemigos que luchan por ganar el control de su alma.

Seis

CÓMO SUPERAR EL RECHAZO Y LA CULPA

———◆◆◆———

La modificación de programas es parte del trabajo de todo programador de computadoras. Un programador de computadoras no solo limpia programas, sino que los mejora para hacerlos más eficientes. Tales mejoras en los programas permiten a las computadoras realizar tareas adicionales, aumentando así su productividad y utilidad.

De manera similar, nuestras mentes necesitan modificación. No solo debemos eliminar los pensamientos erróneos, sino que debemos mejorar nuestra manera de pensar para ser más eficaces para Dios y para otros.

En los capítulos previos estudiamos cuatro pasos para la renovación de nuestra mente. Los estudios restantes dan maneras prácticas para utilizar estos pasos. Este capítulo muestra cómo podemos superar los sentimientos de rechazo y culpa.

Una mirada cuidadosa al problema

1.   Los sentimiento de rechazo y culpa son difíciles de superar.

¿Por qué piensa que esto es así?

Describa alguna ocasión en la que se sintió rechazado por alguien que era importante para usted.

¿Cómo le hicieron sentir?

2. Describa alguna ocasión en la que hizo algo indebido y luego le abrumó la culpa.

¿Contribuyeron otros para que se sintiera culpable? ¿Qué dijeron?

¿Cómo le hicieron sentir?

Nuestro estudio de hoy nos lleva a Samaria, lugar donde Jesús encontró a una mujer que vivía como una marginada social. Esta mujer entendía cómo se sentía el rechazo; parecía que había sido rechazada toda la vida. También sabía lo que era ser culpable. Había pecado mucho y lo sabía. Tal vez se preguntaba si había alguna esperanza para ella.

Y entonces ... Jesús pasó por su ciudad.
Veamos lo que ocurrió.

Un mirada cuidadosa a la verdad de Dios

¿QUIÉNES ERAN LOS SAMARITANOS?

Los judíos evitaban todo contacto con los samaritanos. Después de la caída del reino del norte, Israel, los victoriosos asirios deportaron a los israelitas de su tierra, y luego la repoblaron con cautivos de otras naciones. Con el correr del tiempo, los cautivos y los judíos que quedaron se casaron entre sí. Estos extranjeros trajeron consigo sus propios dioses. Por consiguiente, los samaritanos del tiempo del Nuevo Testamento tenían una religión que era una mezcla de judaísmo con religiones paganas.

Las leyes judías de ese tiempo prohibían virtualmente todo contacto entre samaritanos y judíos. Cuando viajaban de Judea a Galilea, muchos judíos daban un viaje mucho más largo —a través del río Jordán y por Perea— para evitar pasar por Samaria. Jesús, sin embargo, fue movido por amor a ir a este grupo de marginados.

3.   Lea Juan 4.4-26. ¿Por qué Jesús pasó por Samaria (véase v.4)?

¿A qué hora del día Jesús y sus discípulos se detuvieron a descansar (véase v.6)?

¿Por qué la mujer estaba sorprendida por la petición de Jesús?

La hora sexta era alrededor del mediodía. Las mujeres usualmente iban al pozo muy temprano en la mañana o cuando refrescaba el día al atardecer. ¿Por qué piensa que esta mujer estaba sacanso agua en el momento más caluroso del día?

¿Qué efecto tuvo en ella la petición de Jesús?

¿Qué clase de agua le ofreció Él (véase v. 10)?

¿Qué reveló Él sobre la vida de ella (véase vv. 17,18)?

¿Qué sentimientos cree usted que tenía esta mujer como resultado de su estilo de vida?

4. Lea nuevamente los versículos 4-26. Haga una lista de las formas en las que Jesús demostró su aceptación por esta mujer.

EL DOLOR DEL RECHAZO

Esta samaritana debe haber tenido intensos sentimientos de rechazo y culpa. Quizás había sido rechazada cuando niña. Como adulta se había casado cinco veces, y el hombre con quien vivía ahora no era su marido.

Probablemente las mujeres de la aldea también la habían rechazado debido a su estilo de vida. Ella evitaba encontrarse con ellas viniendo al pozo cuando no había nadie allí. Duele menos estar solo que enfrentar el rechazo abierto.

Los judíos trataban a los samaritanos como parias sociales y a las mujeres como posesiones. No era usual que un judío le hablara a ninguna mujer en público. Ni pensar siquiera que un judío le hablara a una samaritana. Incluso después de haber estado en el mercado, el judío se bañaba cuidadosamente para eliminar toda impureza que hubiera resultado de tocar las cosas contaminadas por los gentiles.

En un marcado contraste, Jesús trató a esta samaritana con respeto y aceptación. Al pedir por algo de beber demostró claramente que ella era un ser humano digno y valioso. Le ofreció agua viva, le explicó la verdadera adoración y se reveló como el Mesías.

5. Lea Juan 4.27-30. ¿Qué hizo la mujer después de la conversación (véanse vv. 28-30)?

Qué hermoso ver la diferencia en esta mujer que había conocido tanto fracaso. El amor y aceptación de Jesús la alcanzaron y fue cambiada. Esta mujer que no iba al pozo cuando las otras mujeres estuvieran allí, fue corriendo a la aldea para contarle a todo el mundo acerca de Jesús.

6. Lea Juan 4.39-42. ¿Cuál fue el resultado del testimonio de la mujer?

¿Qué le dice sobre el amor y la aceptación de Jesús el encuentro que tuvo con la mujer en el pozo?

Jesús alcanzó a la mujer en el lugar donde ella estaba. Vio su potencial más allá del pecado, y la rodeó con su aceptación y amor perdonador. Cuando ella sintió el toque de su amor, se vio a sí misma como Dios la veía y pudo alcanzar a otros con las buenas nuevas de Jesucristo. Antes no había sido incapaz de cambiar su conducta, lo que probablemente contribuyó al rechazo que enfrentó; ahora pudo cambiar la conducta que antes la había alejado de los demás.

7. Lea Romanos 15.7. ¿Qué dice este versículo que hizo Jesús?

8. Lea Isaías 41.9,10. Llene los espacios en blanco con la última parte del versículo 9:

«te _____ , y

no te _____ ».

¿Qué promete Dios a quienes Él ha escogido (véase v.10)?

ESCOGER ACEPTACIÓN EN LUGAR DE RECHAZO

A menudo quienes más luchan con el rechazo son aquellos que han experimentado lo que percibieron como rechazo en su niñez. El que se ve a sí mismo como inaceptable empieza a esperarlo e incluso a asumirlo en acciones que nunca tuvieron la intención de indicar rechazo. Esta persona aun ve rechazo de parte de Dios. Este sentimiento de rechazo impide que la persona responda al amor de Dios y de otras personas, e intensifica el problema. Debido al intenso dolor, levanta paredes de protección a su alrededor.

Para superar los sentimientos de rechazo debemos permitir que el Espíritu Santo reprograme nuestro pensamiento. El rechazar ideas negativas como: *No sirvo para nada; por consiguiente, nadie me acepta,* y el aceptar las palabras de Dios: «Te escogí, y no te deseché» (Isaías 41.9) nos ayudará a comprender que el rechazo de parte de otros no disminuye nuestro valor.

Tenemos que escoger reemplazar las afirmaciones falsas con la verdad. Dios dice que nos acepta; por lo tanto, podemos creerle y alabarle por amarnos tal cual somos.

Algunas veces los sentimientos de rechazo llegan porque hemos sido rechazados por otros. Sin embargo, el amor humano nunca puede suplir nuestras necesidades más profundas. Solo Dios puede amar con amor perfecto. A menudo, quienes no han experimentado un amor incondicional se les dificulta amar a otros. Así comienza un círculo vicioso, un ciclo que solo Dios puede romper.

Para superar la devastación del rechazo, necesitamos perdonar a quienes nos han hecho daño y pedirle a Dios que perdone nuestra amargura. Cuando bendecimos con oración, palabras y acciones a las personas que una vez nos expulsaron de sus vidas, somos fortalecidos.

Una mirada cuidadosa a mi propio corazón

ESCOGER LIBERTAD EN LUGAR DE CULPA

9.   Lea Romanos 8.1-4. Algunas veces nos sentimos rechazados porque también nos sentimos culpables. Cuando luchamos con la culpa, nos sentimos indignos para aceptar el amor de alguien. ¿Qué se promete a quienes están en Cristo Jesús (véase v.1)?

¿Qué ocurre en nuestras vidas cuando aceptamos a Jesús como Señor?

Explique lo que usted piensa que significa la frase: «para que la justicia de la ley se cumpliese en nosotros» (v. 4).

La ley exige obediencia perfecta. Pero ya no estamos bajo la ley. Cuando Jesús se convirtió en ofrenda de pecado por nosotros, pagó el castigo por todos nuestros pecados. A través de su muerte en la cruz satisfizo todas las demandas de la ley. Cuando le aceptamos como Salvador, Él toma nuestros pecados y los cambia por su justicia. Ya no tenemos razón para sentirnos culpables, porque Él nos ha perdonado.

Si pecamos después de recibir la salvación, se nos dice que confesemos y nos alejemos de ese pecado. Al momento en que lo hacemos, quedamos libres de la culpa.

10.   Lea 1 Juan 1.9. ¿Qué se promete a los que confiesan su pecado?

¿Cómo se siente al saber que ha sido perdonado y limpiado?

Pasos de acción que puedo dar hoy

Esta lección muestra que Dios le acepta y le perdona. Él le ha librado de la angustia de la culpa y del rechazo. En contraste, Satanás le bombardea con sugerencias de culpa e indignidad. Usted puede obtener la victoria sobre el engaño de Satanás aplicando los cuatro pasos para renovar su mente que se presentan a continuación.

Paso uno — Acérquese a Dios: Conéctese con la fuente de poder. Dedique tiempo a orar y pídale a Dios que le ayude a entender la realidad de su amor. Agradézcale porque Él le acepta aun con sus debilidades y fracasos. Confiese cualquier pecado que necesita perdón. Agradézcale porque le ha perdonado y usted es santo a sus ojos.

Paso dos — Use la Palabra de Dios: Nuestro manual de instrucciones. La Palabra de Dios es verdad y dice que usted es aceptado, perdonado, santo y sin mancha. Busque uno o dos versículos bíblicos que proclamen estas verdades. Cópielos en tarjetas de archivo y colóquelas donde pueda verlas a menudo. Medite en la aceptación y el perdón que le pertenecen. Memorice estos versículos y hágalos suyos.

Paso tres — Piense en cosas buenas: Introduzca información válida. Piense en la justicia de Jesús. En su diario, escriba lo que para usted significa recibir la justicia de Jesús. Haga una lista de bendiciones pasadas, presentes y futuras que están disponibles para usted debido a que tiene la justicia de Cristo.

Paso cuatro — Deságase de los pensamientos incorrectos: Limpie el programa. Durante esta semana, cada vez que le asalte un pensamiento de rechazo o de culpa, anótelo en su diario. Combátalo con un versículo bíblico, una oración o una alabanza. Puede hacerlo así:

1. Confesando el pecado y pidiendo perdón inmediatamente. Crea que el perdón es suyo.
2. En lugar de atascarse en el pensamiento que lo condena, alabe a Dios por su perdón. Alábelo porque Él le acepta amorosamente, tal cual usted es.
3. Anote en su diario cómo llevó ese pensamiento cautivo y lo hizo obediente a Cristo.

11.   Escriba Isaías 41.9,10 en una tarjeta de archivo. En el reverso, escriba un canto de alabanza a Dios por las promesas que Él le ha dado en estos versículos. Lea el versículo todos los días y entone su canto de alabanza en voz alta.

12.   Hable con frecuencia con su compañero de memorización. Continúe haciendo esto hasta que haya memorizado todos los versículos que seleccionó en el paso dos o en Isaías 41.9,10.

Siete

Cómo superar el temor y la ansiedad

Un procedimiento que usan con frecuencia los programadores de computadoras es un rizo o vuelta: un conjunto de instrucciones que realiza tareas repetitivas. El rizo hace el trabajo tantas veces como sea necesario, y luego vuelve al cuerpo principal del programa.

Sin embargo, si el programador escribe el código incorrectamente, el programa puede atascarse en el rizo. La computadora repite las instrucciones hasta que llega a un punto donde ya no puede realizar otras funciones. Para corregir el programa, el programador debe identificar y reprogramar el código defectuoso.

Una mirada cuidadosa al problema

De muchas maneras, el temor y el afán nos afectan como los programas atascados en estos rizos o vueltas. Nuestras mentes van una y otra vez sobre los mismos temores. Paralizan nuestro pensamiento y nos impiden funcionar como es debido. Los sicólogos llaman a esto «pensamiento de rizo negativo».

Podemos tener problemas para dormir porque no podemos apagar nuestros pensamientos. Un temor nos despierta y al siguiente minuto estamos pensando en todo lo que podría ocurrir. Durante el día tal vez sea difícil concentrarnos en el trabajo. Aun el prestar atención a las necesidades de nuestra familia puede volverse difícil y hasta imposible.

En el capítulo seis se presentaron cuatro pasos para ayudarnos a superar el rechazo y la culpa y renovar nuestras mentes. En este capítulo estudiaremos la crisis que enfrentó el rey Josafat. Veremos cómo los mismos cuatro pasos pueden aplicarse en las áreas del temor y la ansiedad. También veremos de cerca a los espías que entraron a la tierra prometida y volvieron con un informe negativo. En lugar de enfocar su vista en Dios, fueron derrotados por el miedo.

Repasemos brevemente los pasos que trajeron victoria al rey Josafat. Primero, acercarse a Dios. Segundo, leer y memorizar las Escrituras. Tercero, enfocarse en las cosas buenas. Cuarto, librarse de los pensamientos equivocados y reemplazarlos con pensamientos buenos.

Dios tiene para nosotros algo mejor que pensamientos de rizos negativos. Nuestras mentes pueden ser reprogramadas para superar el temor y la ansiedad.

Una mirada cuidadosa a la verdad divina

TEMOR DIVINO

Hay dos clases de temor: el saludable y el dañino. Segunda de Crónicas 20.1-13 presenta una ilustración de lo que ocurre en una situación en la que el temor saludable motiva a un rey y a su pueblo a la acción.

1. Lea 2 Crónicas 20.1-13. Describa la situación que enfrentaba el rey Josafat.

¿Qué había en esta situación que pudo haberle llevado a tener pánico?

¿Qué palabra del versículo 3 describe sus emociones?

¿Piensa usted que el pueblo de Judá tenía una razón válida para temer? Dé las razones para su respuesta.

El temor tiene el propósito de movernos a la acción en situaciones peligrosas. Si no tuviéramos ese temor saludable no seríamos capaces de defendernos cuando enfrentamos peligro. En contraste, el temor dañino causa pánico y nos inmoviliza para hacer frente a la situación.

2. ¿Qué dos acciones tomó Josafat como resultado de la crisis?

¿Cómo respondió el pueblo?

Mientras Josafat oraba, él proclamaba el poder de Dios. Haga una lista de las frases de los versículos 6 al 9 que enfatizan el poder de Dios.

¿Qué versículo le recuerda a Dios su promesa a Israel?

¿Qué frase del versículo 12 muestra la gravedad del problema?

¿Cuál es la clave para superar el temor que se presenta en el versículo 12?

3. Relea 2 Crónicas 20.1-13. Al hacerlo, tenga presente los cuatro pasos para renovar su mente. En el espacio que sigue, o en su diario, indique cómo Josafat y su pueblo pusieron en práctica cada paso al enfrentar esta aterradora situación.

El rey y el pueblo de Judá primero se acercaron a Dios en oración y ayuno. Ellos reclamaron sus promesas. Enfocaron su vista en el poder de Dios antes que en el poder del enemigo. Tomaron cautivos sus pensamientos de temor y ansiedad y fijaron sus ojos en Dios para ver lo que Él haría.

4. Lea 2 Crónicas 20.14-19. Haga una lista de las promesas que Dios les dio, según los versículos 15-17:

¿Cuál fue su respuesta a las promesas de Dios (véanse vv. 18,19)?

¿Por qué piensa usted que respondieron así?

Al acercarse a Dios, Él les fortaleció y les prometió liberación. En fe, ellos reclamaron sus promesas. Aun cuando la situación peligrosa no había cambiado, ellos experimentaron la paz y el gozo que viene de una total confianza en Dios.

5. Lea 2 Crónicas 20.20-30. ¿Cómo alentó Josafat a su pueblo (véase v. 20)?

    ¿Qué hizo después?

    ¿Qué ocurrió mientras cantaban y alababan?

    ¿Cómo puede la alabanza a Dios ayudarle a superar el temor?

Alabar a Dios por su bondad y grandeza nos ayuda a fijar los «ojos» —nuestras mentes— en Dios y nos recuerda de su absoluto poder en cualquier situación difícil. Cuando le alabamos, reconocemos su control.

6. ¿Cómo fueron derrotados los ejércitos invasores (véase v. 23)?

    ¿Quién ganó la batalla?

Dios convirtió una situación potencialmente devastadora en una de bien para el pueblo que confió en Él. Debido a que clamaron a Él por ayuda, Él venció los temores que podían haberlos inmovilizado. Ellos escucharon la verdad de lo que Dios era, y entonces marcharon a la batalla con alabanza en los labios.

TEMOR QUE PARALIZA Y DESTRUYE
Este próximo pasaje es un ejemplo trágico de cómo el temor paraliza al pueblo de Dios y lleva a la desobediencia. Al estudiarlo, busque evidencias del «pensamiento de rizo negativo» que discutimos anteriormente. Note cómo, en lugar de creer la palabra de Dios, los israelitas perdieron su enfoque prestando atención a lo que veían con sus ojos y pensaban con sus mentes.

7. Lea Números 13.1-3. ¿Qué le dijo el Señor a Moisés que hiciera?

¿Qué promete dar Dios a los israelitas?

8. Lea Números 13.26-33. ¿Qué escogieron los diez espías como su enfoque?

¿Qué les hizo hacer el temor (véase v.32)?

¿En qué se diferenció el informe de Caleb al de los otros espías (véase v. 30)?

9. Lea Números 14.1-12. ¿Cómo respondió el pueblo de Israel a estos informes?

¿Cómo ilustra este pasaje el efecto perjudicial del temor?

Josué y Caleb trataron de persuadir a los israelitas a que abandonaran sus temores y avanzaran hacia la tierra prometida. ¿Qué frases muestran la razón para esta confianza (véanse vv. 8,9)?

A su juicio ¿por qué la reacción de Josué y Caleb estuvo en contraste con las de los demás espías?

¿Cómo vio Dios el temor y la desobediencia del pueblo?

10. Lea Marcos 4.40. En este versículo ¿cómo vio Jesús el temor de sus discípulos?

¿Cómo se relaciona la incredulidad con el temor?

¿Cómo muestra el temor desprecio hacia Dios?

11. Lea en Marcos 9.14-24 acerca de un joven que necesitaba sanidad. ¿Cómo manejó el padre del muchacho su incredulidad?

¿Qué acciones ya había tomado, a pesar de su incredulidad, que demostraban fe (vv. 17,18)?

El temor y la ansiedad indican que no estamos confiando en el Señor para resolver las situaciones difíciles. Los israelitas no entraron en la tierra prometida porque no creyeron que Dios guardaría sus promesas.

¿En qué forma el padre del que se habla en Marcos 9 es un buen ejemplo de confesión de incredulidad?

Lea los versículos 25-27. ¿Cuál fue el resultado?

12. Lea Números 14.26-38. ¿Cuáles fueron las consecuencias del temor de los israelitas?

¿Cómo recompensó Dios la fe de Josué y Caleb (véase v. 38)?

13.   Compare el relato de los israelitas al rehusar creer a Dios y entrar en Canaán, con el relato de la victoria de Judá en el valle de Beraca.

Derrota de Israel - Los espías. Victoria de Judá - Josafat
¿Cuáles fueron las diferencias claves en la manera en que ambos grupos enfrentaron el temor?

Describa las formas en que el temor puede impedirle obedecer a Dios.

Una mirada cuidadosa a mi propio corazón

14.   Lea Filipenses 4.6-9. Responda a las preguntas que siguen, y luego personalice los versículos en una oración y en una promesa para reclamar.

¿Por qué cosas se le dice que no se afane?

¿Qué debe hacer en lugar de eso?

¿Cuál será el resultado?

———∞∞∞———

Una oración para orar, de su corazón al corazón de Dios,

Una promesa para reclamar, del corazón de Dios al suyo.

Mi oración:

Mi promesa:

Pasos de acción que puedo dar hoy

15. Dios no quiere que usted se afane por nada. Si usa los cuatro pasos que siguen para renovar su mente podrá superar el temor y la ansiedad.

Paso uno — Acérquese a Dios: Conéctese con la fuente de poder. Dedique tiempo hoy a la oración y confiese sus temores y ansiedades. Pídale que Él tome el control de sus situaciones difíciles y que le ayude a superar sus temores.

Paso dos — *Use la Palabra de Dios: Su manual de instrucciones.* Igual que Josafat y sus hombres, recuérdele a Dios sus promesas. Busque uno o dos versículos bíblicos que proclamen que Él es digno de confianza. Escríbalos en su diario o en tarjetas de archivo, y colóquelas donde pueda verlas con frecuencia. Memorice los versículos, medite en ellos y aprópiese de ellos.

Paso tres — *Piense en cosas buenas: Introduzca información válida.* En su diario, haga una lista de las formas en que Dios mostró su fidelidad a Josafat y al pueblo de Judá. Anote las veces en las que, ante situaciones peligrosas, el Señor le ha mostrado que es digno de confianza. Cada día de esta semana agradézcale a Dios serle fiel.

Paso cuatro — *Desáhagase de los pensamientos incorrectos: Limpie el programa.* Cada vez que durante esta semana le asalte un pensamiento de temor o de ansiedad, anótelo en su diario. Reemplace ese pensamiento orando por la situación y agradeciendo a Dios porque es digno de confiar en Él. Ahora anote cómo sustituyó el temor y el afán con oración y alabanza.

16.	Escriba Filipenses 4.6,7 en una tarjeta de archivo. En el reverso, dibuje un corazón en el centro de la tarjeta. Dentro del corazón escriba:

Oración
Petición
Ruegos

Cree un «borde de paz» que rodee el corazón, ilustre la paz en cualquier manera que sea significativa para usted. ¿Cómo siente al ver una ilustración de la paz de Dios protegiendo su mente y corazón?

Describa y explique su ilustración visual a su compañero de memorización. Pasen tiempo juntos orando por las peticiones de cada uno.

Ocho

*C*ÓMO SUPERAR EL DESALIENTO

※◦◦◦◦◦

En los capítulos seis y siete aprendimos cómo renovar nuestra mente en nuestra lucha contra el rechazo, la culpa, el temor y el afán. Este capítulo nos ayudará en nuestra lucha contra el desaliento.

Aun cuando el desaliento no es parte del plan de Dios, con frecuencia afecta profundamente a los creyentes en su andar con Dios. No solo les roba las bendiciones personales, sino que también roba las bendiciones de los que están más cerca de ellos.

Este capítulo muestra cómo podemos reprogramar nuestras mentes para superar el desaliento y experimentar la esperanza de Dios.

Una mirada cuidadosa al problema

1. Marque las frases que describen lo que usted ha experimentado el año pasado:

    ❑ Han habido ocasiones en las que me he preguntado si Dios se interesa por mis problemas.
    ❑ Me he visto tentado a dejar de orar por una necesidad porque parece que no sirve de nada.

❑ Me he sentido con ganas de abandonar el trabajo cristiano porque he visto muy pocos resultados.

❑ Me he sentido con ganas de dejar de estudiar la Biblia porque cada vez que lo hago algo ocurre que me saca de horario.

2. Si usted marcó aunque sea una sola de las frases de arriba, entonces comprende el poder del desaliento. ¿Hay algunas otras situaciones que lo desalientan? Haga una lista de algunas de ellas:

Probablemente la mayoría de los cristianos ha luchado con el desaliento en algún momento, pero el plan de Dios es que tengamos ánimo para vivir en la plenitud que Jesús vino a dar.

El apóstol Pablo enfrentó grandes dificultades en su ministerio que bien podían haberlo desalentado. Nuestro estudio muestra cómo él, mediante el poder del Espíritu Santo, usó los cuatro pasos para renovar su mente, obtener la victoria y recibir aliento.

Estos pasos son también para nosotros. Leamos, estudiemos y aprendamos más sobre la esperanza que podemos experimentar cuando enfocamos nuestra mirada en Cristo Jesús.

Una mirada cuidadosa a la verdad de Dios

CÓMO ENFOCAR LA VISTA EN EL PODER DE DIOS

3. Lea 2 Corintios 4.5-12. ¿Cuál era la fuente de poder de Pablo?

Haga una lista de palabras y frases que describen sus circunstancias difíciles (véanse vv.8, 9):

Haga una lista de las frases que describen victoria sobre esas situaciones:

¿Tenía Pablo razón para desalentarse? ¿Por qué sí o por qué no?

Los cristianos se desalientan cuando se enfocan en los problemas en lugar de enfocarse en el poder de Dios. Pablo, sin embargo, se regocijó pues el Señor usó sus luchas para lograr algo bueno. En lugar de enfocarse en la destrucción, enfocaba su mirada en la vida eterna que sería suya y que se hacía disponible para otros.

4. Lea 2 Corintios 4.13-18. ¿En qué enfocaba Pablo su atención (véase v. 14)?

¿Qué frase indica que Pablo no se dejaba vencer por el desaliento?

¿Qué clave para superar el desaliento se encuentra en el versículo 16?

Pablo descansaba en el poder supremo de Dios que obraba en su vida (véase v.7). Sabía que no podía soportar la adversidad por sí mismo. Solo cuando se presentaba diariamente ante la presencia de Dios obtenía poder y era renovado. Lo mismo aplica a nosotros.

¿Por qué es importante ser renovados diariamente?

¿Cómo se puede lograr esto?

5. Relea 2 Corintios 4.17,18. ¿Cómo se refería Pablo a sus problemas (véase v.17)?

¿Qué estaban logrando para él estos problemas?

¿En qué decidió enfocar la mirada?

¿Por qué escogió ese enfoque?

Compare el versículo 17 con 2 Corintios 11.23-29. ¿Por qué cree usted que Pablo podía decir que sus problemas eran solo una «leve tribulación momentánea»?

¿Cómo el haber seleccionado este enfoque afectó su actitud?

Si se hubiera enfocado en esta vida, ¿cuál habría sido el resultado?

Porque Pablo se enfocó en las promesas divinas de vida y gloria eternas, sus pruebas perdieron importancia. Satanás no pudo derrotarle con el desaliento porque Pablo se renovaba diariamente en la presencia de Dios. Pablo había escogido fijar sus ojos en las cosas celestiales.

6. Lea 2 Corintios 1.3-11. ¿Cómo se describe a Dios en el versículo 3?

¿Qué hace Él por nosotros cuando tenemos problemas?

Cuando luchamos con el desaliento, a menudo pretendemos que todo marcha bien. No queremos ser carga para nadie, ni queremos que otros piensen que nos falta espiritualidad. Sin embargo, detrás de nuestro exterior alegre, nuestros corazones pueden estar destrozándose.

Siempre podemos ser francos con Dios. Podemos hablarle de nuestra confusión y desaliento, y Él siempre estará listo para consolarnos y animarnos.

¿Qué nos permite hacer el consuelo de Dios (véase v.4)?

Revise los versículos 4-7 y haga una lista de las frases que indican que Pablo enfocaba lo bueno que se estaba logrando a través de sus pruebas:

LOS CREYENTES ALIENTAN A LOS CREYENTES

7. Cuando Pablo escribió a la iglesia en Roma, identificó otra fuente importante del desaliento. Lea Romanos 1.11,12. ¿Qué resultado tendría la visita de Pablo a los creyentes en Roma?

Fue el plan de Dios que seamos parte de iglesias y grupos donde podamos alentarnos unos a otros en nuestras luchas, sin tener temor a ser condenados o desaprobados. A menudo, quienes más nos alientan son los que han atravesado por pruebas similares. Al hablarnos con franqueza de cómo Dios los consoló en sus luchas, recibimos esperanza para las nuestras. No hay mayor consuelo que el que ellos recibieron de Dios y nos lo pasan a nosotros.

Comparta del momento en el que alguien le consoló con el consuelo que él o ella había recibido de Dios. ¿Cómo el recibir ese consuelo le animó a usted?

¿Cómo ha podido usted dar ese consuelo a alguna otra persona?

8. Relea 2 Corintios 8.1-11. Describa brevemente los sufrimientos que Pablo soportó (véase v.8).

¿Cómo enfatiza el versículo 9 la gravedad de la situación?

¿Por qué Dios permitió que ocurriera esa prueba (véase v.9)?

¿En qué aspectos del poder de Dios enfocó Pablo su mirada (véanse vv.9,10)?

¿Qué frases muestran que Pablo no se dejó vencer por el desaliento (véanse vv. 10,11)?

Relea 2 Corintios 1.3-11 y haga una lista de todo lo bueno que resultó de sus dificultades.

Muy frecuentemente, nos desanimamos porque no vemos el propósito de Dios en las situaciones difíciles. Ayuda el darnos cuenta de que Él nos permite atravesar pruebas para fortalecernos y hacernos madurar, y para que seamos de bendición para otros.

9. Lea 1 Corintios 16.8,9. ¿Por qué Pablo decidió quedarse en Éfeso?

¿Qué experiencia difícil estaba enfrentando?

CUANDO SE EXPERIMENTA OPOSICIÓN

En esta vida siempre tendremos problemas. Satanás nos hace frente, especialmente, si estamos haciendo para el Señor algo que vale la pena. Nos dice que estamos desperdiciando nuestro tiempo y que no veremos ningún resultado duradero. Si hemos pecado, nos susurra que no hay manera en que Dios pueda volver a usarnos.

No solo debemos reconocer las mentiras, sino que debemos esperar la oposición. En realidad, debemos ser alentados por ella. En un juego de fútbol, los contrincantes nunca persiguen al público sentado en las gradas. Persiguen al capitán y a los delanteros, los que hacen las anotaciones.

De la misma manera, Satanás no está preocupado por los cristianos sentados en las líneas laterales que nunca entran en la batalla. Sin embargo, si nos entregamos de corazón al servicio cristiano luchará contra nosotros con todas las armas que encuentre. No podemos permitir que sus tácticas nos desalienten. En lugar de esto, seamos alentados. Dios dice que recogeremos la siega si no nos rendimos.

Una mirada cuidadosa a mi propio corazón

10. Piense en un momento difícil en su vida. Pídale a Dios que le muestre el bien que hizo esto en usted y en otros. Anote sus pensamientos en su diario, y luego agradézcale al Señor porque Él está obrando para traer crecimiento y un mayor ministerio a su vida.

11. ¿Cuáles claves para superar el desaliento se hallan en los siguientes pasajes?

Salmo 119.28

Hebreos 11.24-28

Hebreos 12.2,3

12. ¿Qué se promete en los siguientes versículos?

1 Corintios 15.58

Gálatas 6.9,10

Hebreos 6.10

Santiago 1.12

1 Pedro 5.10

¿Le habla alguno de estos versículos a su necesidad de aliento? Anótelo en su diario y reclámelo como una promesa del corazón de Dios para el suyo.

Pasos de acción que puedo dar hoy

13. Aun cuando Satanás le bombardeará con pensamientos desalentadores, Dios no quiere que su ánimo esté por el suelo. Usando los cuatro pasos para la renovación de la mente usted puede superar el desaliento.

Paso uno — Acérquese a Dios: Conéctese con la fuente de poder. Pídale a Dios que le muestre cómo el desaliento le está impidiendo experimentar la esperanza y el gozo que Él quiere que usted tenga. Anótelo en su diario, luego confiéselo a Dios y pídale estímulo y fuerza. Escriba su oración en el diario.

Paso dos — Use la Palabra de Dios: Su manual de instrucciones. Nada da más aliento que la Palabra de Dios. Busque en la Biblia una promesa que hable específicamente a su necesidad de estímulo. Anótela en su diario. Escríbala también en una tarjeta de archivo y colóquela en un lugar donde la pueda ver a menudo. Memorice el versículo y agradézcale a Dios porque Él siempre guarda sus promesas.

Paso tres — Piense en cosas buenas: Introduzca información válida. Pídale a Dios que le muestre lo bueno que ha resultado de sus dificultades. Anote lo que Él le revele. Agradézcale por el crecimiento espiritual y ministerio ampliado que Él produce en su vida mediante las dificultades. Escriba sus palabras de alabanza.

Paso cuatro — Deshágase de los pensamientos incorrectos: Limpie el programa. Decídase a cautivar sus pensamientos de desaliento y llevarlos ante la obediencia de Jesús. Pídale que le muestre cada uno de ellos conforme ocurre, y luego reemplace cada pensamiento negativo con una acción de gracias o una promesa bíblica. En su diario anote la forma en la que ha hecho cada pensamiento de desaliento obediente a Jesús. Escoja alabar a Jesús, sin que importe cómo se sienta usted.

14. Léale a su compañero de memorización el versículo que copió en la tarjeta. Pídale que ore con usted mientras se aleja de las mentiras de Satanás y se apropia de las promesas de Dios para su vida. Dediquen tiempo para orar juntos. Continúen repasando juntos los versículos que han aprendido en este estudio.

CÓMO SUPERAR LA DESOBEDIENCIA

En los capítulos dos al cinco estudiamos versículos claves que nos enseñaron los pasos esenciales para renovar nuestra mente y ayudarnos a adquirir la mente de Cristo. En los capítulos seis al ocho aprendimos cómo aplicar esos pasos en nuestra lucha contra algunos aspectos negativos como el rechazo, la culpa, el temor, la ansiedad y el desaliento.

Pero hay más. Quizás más que cualquier otra cosa, sencillamente lo que necesitamos es aprender a obedecer a nuestro Señor.

Una mirada cuidadosa al problema

Como creyentes comprometidos, queremos exaltar a Jesús. Desafortunadamente, no podemos hacerlo si le desobedecemos. Nuestro problema es que, aun cuando queremos obedecer, fallamos en hacerlo con frecuencia porque nuestras mentes todavía siguen controladas por nuestra vieja naturaleza. En lugar de victoria, esperamos y aceptamos la derrota.

Este capítulo muestra cómo el Espíritu Santo puede reprogramar nuestro pensamiento a fin de capacitarnos para que vivamos rendidos a la voluntad de Dios. Le ayudará a comprender cómo puede ser obediente al llamado de Dios en su vida.

Una mirada cuidadosa a la verdad de Dios

UN HOMBRE DE DIOS OBEDIENTE

Abraham es un ejemplo de un creyente que obedeció al Señor. Mientras estudia estos pasajes, esté alerta a las condiciones que le llevaron a sus obedientes respuestas.

1.	Lea Génesis 12.1-8. ¿Qué le pidió el Señor a Abraham que hiciera (véase v.1)?

¿Qué le prometió Dios a Abraham (véanse vv. 2,3)?

¿Cómo respondió Abraham a las instrucciones que le dio el Señor (véase v.4)?

¿Qué le prometió Dios a Abraham luego que llegó a Canaán?

¿Cómo describiría usted la relación de Abraham con Dios?

¿Cómo influyó su confianza en sus acciones?

2. Lea Hebreos 11.8-10. ¿Qué cualidad capacitó a Abraham para que obedeciera (véanse vv. 8,9)?

¿En qué enfocó Abraham su mente (véase v.10)?

¿Cómo el enfoque de su mente afectó su disposición para obedecer?

Probablemente una de las principales causas de la desobediencia es la tendencia a enfocarnos en valores y recompensas terrenales en lugar de poner la vista en las recompensas celestiales. Al concentrarnos en los problemas y deseos del mundo, perdemos de vista lo mejor de Dios. Abraham, sin embargo, obedeció porque esperaba por las recompensas eternas.

3. Lea Génesis 17.9-11,15-27. ¿Qué le pidió Dios a Abraham como señal del pacto entre ellos?

¿Qué le prometió Dios a Abraham (véase v.16)?

¿Qué prometió Dios respecto a Isaac (vea vv. 19-21)?

¿Qué revelan los versículos 23-27 en cuanto a la respuesta de Abraham al mandato de Dios?

Estos versículos describen una relación íntima —de confianza— entre Abraham y Dios. Cuando Dios hablaba, Abraham escuchaba y obedecía. Conforme hablaban y pasaban tiempo juntos, la fe de Abraham crecía. Eran amigos. Abraham sabía que podía confiar en que Dios cumpliría sus promesas.

4. Lea Génesis 21.1-5. Haga una lista de las frases que indican que Dios mantuvo su promesa.

¿Cómo el nacimiento de Isaac afectó la confianza de Abraham en Dios?

Una de las más grandes verdades que podemos aprender es que Dios siempre cumple sus promesas. Dios hizo exactamente lo que dijo que haría por Abraham. Se puede confiar en que Él cumplirá sus promesas, hasta el último detalle.

5. Lea Hebreos 11.11. ¿Qué capacitó a Abraham y a Sara para convertirse en padres en su vejez?

¿Qué frase muestra la idea que ellos tenían de Dios?

Abraham y la gente de fe descrita en Hebreos 11 creyeron en la fidelidad de Dios, así hubieran visto literalmente o no el cumplimiento de sus promesas. Su fe no dependía de circunstancias externas, sino en la fidelidad de un Dios poderoso. Dios nos pide, a nosotros también, que confiemos en sus promesas aun cuando no podamos ver su cumplimiento en esta vida.

6. Lea Génesis 22.1-14. ¿Qué le pidió Dios a Abraham que hiciera (véase v.2)?

¿Qué pensamientos y emociones cree usted que Abraham sintió como resultado de esta petición?

¿Cómo parece este mandato una contradicción a la promesa que Dios dio en Génesis 17.19?

Probablemente nunca se ha dado a un hombre una orden más difícil de obedecer que esta. Dios le había prometido un hijo a Abraham; le había prometido que establecería su pacto con Isaac y sus descendientes.

El hijo de la promesa había nacido, pero ahora parecía que Dios iba para atrás en su promesa. Si Isaac moría en ese monte, no habría descendientes. ¿Se podría todavía confiar en que Dios cumpliría su Palabra?

¿De qué forma el versículo 5 es una prueba de que Abraham seguía confiando en las promesas de Dios?

¿De qué manera muestra el versículo 8 que Abraham seguía confiando en Dios?

¿Cómo Dios demostró ser fiel y digno de confianza?

¿En qué se parece esta historia a la provisión que Dios hizo en el Calvario a través de la muerte de Jesús?

¿De qué forma ambas historias demuestran la fidelidad de Dios?

Dios suplió un carnero para que tomara el lugar de Isaac sobre el altar del sacrificio. De la misma manera, ofreció a Jesús como el perfecto Cordero de Dios para que muriera en lugar nuestro. En un tremendo sacrificio de amor, Jesús pagó el castigo por nuestro pecado. Nosotros escogemos si aceptamos o rechazamos la provisión que Dios hizo por medio de Jesucristo. Un Dios así de amante merece nuestra confianza y total obediencia.

7. Lea Hebreos 11.17-19. ¿Qué había hecho Abraham con las promesas de Dios (véase v.17)?

¿Qué revela el versículo 19 en relación al enfoque de Abraham?

¿Cómo creyó Abraham que Dios cumpliría sus promesas si Isaac moría como sacrificio?

¿Cómo el enfoque de Abraham afectó su capacidad para obedecer?

¿De qué forma su enfoque afecta su obediencia?

Abraham obedeció porque estaba plenamente convencido de que un Dios fiel cumpliría sus promesas. El Señor también nos pide que confiemos en Él lo suficiente como para responder en obediencia.

ESCOGER LA OBEDIENCIA
La visión que tengamos sobre el poder del pecado tendrá influencia en nuestra obediencia.

8. Lea Romanos 6.11-23. ¿Cómo debemos pensar respecto a nosotros mismos (véase v.11)?

Haga una lista de frases que indican que el pecado es una alternativa. Indique los versículos.

Haga una lista de frases que muestran que el pecado no tiene poder sobre nosotros.

¿De qué manera el pensar de usted mismo como muerto al pecado afecta sus acciones?

¿Qué ocurre si usted se ve a sí mismo como impotente para vencer el pecado?

Dios nos pide que seamos santos, así como Él es santo. No obstante, intentar luchar contra el pecado tratando de ser buenos siempre termina en fracaso. La obediencia parece ser una meta imposible, pero no lo es. Dios nos ha dado el poder del Espíritu Santo en nosotros para que nos capacite para vivir la vida santa que Él ha ordenado. La victoria es posible porque Jesús terminó —en la cruz— con el poder del pecado. Cuando reconocemos nuestra debilidad y le pedimos a Dios de su poder para derrotar el pecado en nuestras vidas, somos victoriosos.

9.   Lea 1 Corintios 10.13. ¿Qué nos promete Dios?

A la luz de la promesa de Dios en este versículo, ¿por qué tantos de nosotros seguimos pecando?

¿Cuál será su elección la próxima vez que enfrente a una tentación?

Una mirada cuidadosa a mi propio corazón

10. Un versículo para que medite: Lea 2 Timoteo 2.20,21. ¿Qué promete Dios cuando usted escoge el permitir que le limpie?

Dios quiere usarle como instrumento en su Reino, pero no llenará una vasija sucia con la plenitud de su Espíritu Santo. Dios le usará solo si le obedece.

11. Una oración para usted:

> *Señor: más que cualquier otra cosa quiero agradarte. Límpiame.*
> *Continúa enseñándome a conectarme firmemente contigo como mi fuente de poder para cambiar. Pon en mí una firme determinación para poner tu Palabra en mi mente, para que así pueda pensar tus pensamientos. Enséñame a pensar en las cosas que me acercan a ti.*
> *Muéstrame cómo aplicar tus verdades para superar cualquier sentimiento de rechazo o culpa con los cuales todavía tenga que lidiar. Aléjame de los temores y ansiedades y guíame a tu paz. No dejes que me desaliente. Sobre todo, guíame en la senda de la obediencia. Solo entonces seré un instrumento limpio, útil para ti, mi Señor, preparado para toda buena obra. En el nombre de Jesús, Amén.*

Pasos de acción que puedo dar hoy

12. Los siguientes pasos le ayudarán a llegar a ser un hijo obediente.

Paso uno — *Acérquese a Dios: Conéctese con la fuente de poder.*
La obediencia es el resultado de entrar en la presencia de
Dios y recibir su fuerza. ¿Le pediría usted a Dios, ahora
mismo, que le muestre cualquier área de desobediencia en
su vida?

- ❑ ¿Confesaría cada una de ellas como pecado y reconocería que por sus propias fuerzas no puede obedecer?
- ❑ ¿Le pediría de su poder divino para superar el pecado
  que le ha revelado?
- ❑ ¿Pasaría tiempo con Él todos los días de esta semana?
- ❑ ¿Le pediría que aumente su deseo y disposición para
  obedecer?

Paso dos — *Use la Palabra de Dios: Su manual de instrucciones.*
Cuando Abraham se enfocó en las promesas de Dios, quiso
obedecerle. Busque en la Biblia varias promesas para quienes obedecen, y también un pasaje que promete victoria
sobre el pecado. Anótelos en su diario y en una tarjeta de
archivo, y colóquela en un lugar donde pueda verla con
frecuencia. Memorice y medite en cada uno de estos versículos. Hágalos suyos.

El estudio consistente también es una clave importante
para poder vivir en obediencia. Cuando escoje alimentarse
diariamente con la Palabra de Dios puede ser fortalecido
cada día por ella.

Paso tres — *Piense en cosas buenas: introduzca información
válida.* Evalúe cuidadosamente lo que entra en su mente.
Los programas de televisión que ve y los libros que lee
¿le ayudan a vencer la tentación? ¿Le llevan a una tentación más grande? ¿Alimenta usted su naturaleza espiritual o su naturaleza de pecado? ¿Qué cambios puede
hacer para guardar mejor su mente? Anote esos cambios
en su diario.

Paso cuatro — Desáhagase de los pensamientos incorrectos: Limpie el programa. Pídale a Dios que le ayude a identificar rápidamente los pensamientos que producen desobediencia. Escoja no darles cabida ni alentarlos.

❏ ¿Escogería reemplazar estos pensamientos con oración, pidiéndole a Dios su victoria?

❏ ¿Reconocería su debilidad para vencer por sus propias fuerzas, y reclamaría el poder de Dios que está disponible en Cristo Jesús?

❏ ¿Escribiría en su diario la forma de sujetar sus pensamientos a la obediencia a Dios?

12. Haga el compromiso de seguir memorizando la Palabra de Dios. Escriba sus versículos en tarjetas de archivo. Llévelas consigo, sáquelas y repáselas en sus momentos libres. Los versículos que haya memorizado recientemente deben ser leídos diariamente, luego cada semana y luego mensualmente, varias veces al día. La memorización exige repetición y repaso.

13. Al terminar este estudio bíblico recuerde esto: El Espíritu Santo quiere renovar su mente y desarrollar en usted las actitudes de Cristo. Quiere hacerle santo, una persona separada para su propósito. Quiere que permita que su Palabra lo moldee a la imagen de Jesús.

«Así que, si alguno se limpia de estas cosas, será instrumento para honra, santificado, útil al Señor, y dispuesto para toda buena obra» 2 Timoteo 2.21

Capítulo Nueve

¿Qué es Aglow International?

De una nación, a ciento treinta y cinco naciones en todo el mundo...
De una fraternidad, a más de tres mil trescientas...
De cien mujeres, a más de dos millones...

Aglow International ha experimentado un fenomenal
crecimiento desde sus comienzos hace 30 años.
En 1967, cuatro mujeres del estado de Washington
oraron para encontrar una manera de llegar a otras
mujeres cristianas en sencilla fraternidad, libres de
fronteras denominacionales.

———◦◦◦◦———

La primera reunión realizada en Seattle, Washington,
U.S.A., reunió a más de cien mujeres en un hotel local.
Desde ese modesto comienzo, Aglow International
ha llegado a ser una de las más grandes organizaciones
interdenominacionales e interculturales de mujeres,
en el mundo.

———◦◦◦◦———

Cada mes, Aglow toca las vidas de aproximadamente
dos millones de mujeres en seis continentes a través
de reuniones locales de compañerismo, estudios
bíblicos, grupos de apoyo, retiros, conferencias
y varias actividades. Desde los sectores más pobres
de la ciudad hasta los más altos niveles, desde
la mujer de la casa vecina, hasta la ejecutiva de la
corporación, Aglow busca ministrar a las necesidades
que tienen las mujeres de todo el mundo.

———◦◦◦◦———

Las mujeres cristianas encuentran en Aglow un «lugar seguro» para crecer espiritualmente y comenzar a descubrir y usar los dones, talentos y habilidades que Dios les ha dado. Aglow ofrece excelente entrenamiento para liderazgo y variadas oportunidades para desarrollar esas habilidades de liderazgo.

———◦∾◦———

Hay un énfasis en la oración, estrechamente unido al empuje evangelístico del ministerio, que ha conducido a la formación de una red de oración activa que ha unido a seis continentes. El vasto poder de oración disponible a través de las mujeres de Aglow alrededor del mundo, está siendo usado por Dios para influir en incontables vidas en familias, comunidades, ciudades y naciones.

———◦∾◦———

Declaración de la misión de Aglow

Nuestra misión es conducir a las mujeres a Jesucristo, y proveer oportunidades para que las mujeres cristianas crezcan en su fe y ministren a otras.

———◦∾◦———

El enfoque permanente de Aglow se concentra en...

- Reconciliar a la mujer con su femineidad tal como la ha diseñado Dios. Fortalecerla y conferirle poder para cumplir el plan de Dios de llevar restauración a la relación hombre/mujer, que es el fundamento del hogar, la Iglesia y la comunidad.

- Amar a las mujeres de todas las culturas, con un especial enfoque en las mujeres musulmanas.
- Llegar a todos los estratos de la sociedad, desde los sectores pobres de las ciudades a las solitarias avanzadas, a nuestros vecindarios, con expresiones muy prácticas y tangibles del amor de Jesús.

Aglow ministra en...

Albania, Angola, Anguilla, Antigua, Argentina, Aruba, Australia, Austria, Bahamas, Barbados, Bélgica, Belice, Benín, Bermudas, Bolivia, Bostwana, Brasil, Islas Vírgenes Británicas, Bulgaria, Burkina, Faso, Camerón, Canadá, Islas Caymán, Chile, China, Colombia, República del Congo, República Democrática del Congo, Costa Rica, Costa de Marfil, Cuba, Curazao, República Checa, Dinamarca, Djibouti, Dominica, República Dominicana, Ecuador, Egipto, El Salvador, Inglaterra, Guinea Ecuatorial, Estonia, Etiopía, Islas Faroe, Fiji, Finlandia, Francia, Gabón, Gambia, Alemania, Ghana, Grecia, Granada, Guam, Guatemala, Guinea, Guyana, Haití, Honduras, Hungría, Islandia, India, Indonesia, Irlanda, Israel, Jamaica, Japón, Kazakstán, Kenia, Corea, Kirgistán, Latvia, Malawi, Malasia, Mali, Mauritania, México, Federación de Estados de Micronesia, Mongolia, Mozambique, Myanmar, Nepal, Los Países Bajos, Papua Nueva Guinea, Nueva Zelandia, Nicaragua, Nigeria, Noruega, Omán, Pakistán, Panamá, Perú, Filipinas, Portugal, Puerto Rico, Rumania, Rusia, Ruanda Americana, Ruanda Occidental, Escocia, Senegal, Sierra Leona, Singapur, Sud África, España, Sri Lanka. S. Kitts, Sta. Lucía, S. Martín, S. Vicente, Sudán, Surinam, Suecia, Suiza, Tajikistán, Tanzania, Tailandia, Togo, Tonga, Trinidad Tobago, Islas Turks y Caicos, Uganda, Ucrania, Estados Unidos, Islas Vírgenes Americanas, Uruguay, Uzbekistán, Venezuela, Vietnam, Gales, Yugoeslavia, Zambia, Zimbaue.